一堂一億六仟萬的課

如果你現在正是人生的最低潮，
真的要恭喜你，因為好多人求個低潮都沒求到。
如果你在低潮中滅頂了，那就真的有些可惜，
因為你永遠沒辦法驗證這個低潮帶給你的價值。

這本書裡頭的故事，
有很多是在解釋我個人認知的原則跟觀念，
有很多新的觀念會讓你完整而不受傷害，甚至思考會比較積極，
你就不會有那麼多過不去的事、放不下的債、揹不起的負擔。

曹啓泰

千萬別做生意

何飛鵬

有人一輩子就是千萬別做生意，因為違反造物者的原意，造物者給了你別的天份，你為什麼偏偏不知足，卻要跌落商場的凡塵？

你能想像京劇名伶梅蘭芳轉戰商場，變成一個成功的生意人？或者是國畫大師齊白石，經營公司，過著錙銖必較的日子？又譬如紅樓夢作者曹雪芹，像胡雪巖一樣，呼風喚雨，銀錢往來？

相信大多數人都不能想像上述的場景，甚至大多數人也都認為這不是一件對的事，因為造物者已經給了這些人很特別的路，他們演的是很特殊的角色，但絕對不是生意！

可是，如果梅蘭芳一定要做生意呢？我們不只不能想像，而且幾乎確定結果一定是悲劇，或者至少對梅蘭芳個人而言，絕對是一場劫難，一段痛苦不堪的折磨；或者整個社會根本就不會出現我們所認識的梅蘭芳。

其實這是很容易懂的道理，每個人有每個人的道路，條條大路通羅馬，行行可以出狀元，為什麼都一定要走入生意的窄門呢？

這或許是過去五十年、台灣經濟奇蹟的後遺症，太多人賺了錢，太多人揮金如土，太多人莫名其妙就擁有財富，以致於太多人莫名其妙的就做了生意，走進了搶錢的行列。當「生意」與「發財」變成等號，有為者不開公司，枉為男兒身、枉為女豪傑，可是許多的悲劇就因而發生了。

出身台灣的天才型演員、主持人曹啟泰就是個最好的例子。一九九四年，我在商周出版了他的第一本書——結婚真好，描述他如何娶到夏玲玲，如何擁有一個最美好的婚姻生活。書一上市，立即進入排行榜，許多女讀者讀完書之後，爭相走告：天下竟然有如此體貼、完美的男人，紛紛回家教訓老公。那一年成為台灣婚姻史上的「老公蒙難年」，曹啟泰變成婚姻偶像。

可也在那個時候，曹啟泰陷入生意劫難，珠寶店、雜誌社……各式各樣的生意佔據了曹啟泰的生活，也使曹啟泰面臨永無休止的調錢、借錢的軋頭寸日子。

那時候，我們的辦公室在同一棟樓，我們的日子也不好過，商業周刊還在與讀者奮鬥中，稍一不慎就萬劫不復。我知道曹啟泰可能也很困難，但是我發覺他比我們自在，因為不論在私下或電視上，他仍在娛樂大家，演他最稱職的演員角色！

我不知曹啟泰如何去過那段日子，可是很清楚那就是「梅蘭芳誤演了胡雪巖」的感覺；後來知道他遠至新加坡，成了星洲人盡皆知的「曹百萬」，成了最紅的主持人。

直到他想出版他的第三本書——一堂一億六千萬的課。光看書名，就知道出自才氣縱橫的曹啟泰之筆；更何況，內容是他這一段誤闖商場的心路歷程，我迫不及待的讀完手稿，只能用「拍案叫絕」來形容。

本來以為這會是一本教你學做生意的書，但不是，因為曹啟泰自己也不會做生意。當然也可能是一本如何突破困境的勵志書，但也不是，曹啟泰只會遊戲人生，不需勵志；也有可能是名藝人的自傳，可是又不是，我們要看曹啟泰的自傳幹嘛？

一本什麼都不是的書，卻很好看；看到你非一口氣讀完不可，出版的直覺告訴我，這會是一本暢銷書，就好像你打完球，一口氣灌下一杯冰水，沒有理由，絕不猶豫。

果真曹啟泰就是曹啟泰，一個天才型的人，命運安排了他一條路，但他不願照劇本走，經常要脫軌演出，因此每天都要和所有的人搏鬥，外人看來痛苦不堪，但他悠遊自在，做為一個讀者，我不禁要大喊，這才叫人生。

下筆的時候，本來想告訴讀者，別像曹啟泰，不是生意的料，就別做生意；但最後其實我不敢說這樣的話，因為曹啟泰給了我一張新名片，上面寫著「百萬冰」，詭譎的笑著說：「我又來了！」

序 無敵鐵金剛否極泰來

徐紀琤

一九九八年的農曆年前，我在時報周刊報導了「曹啟泰婚姻大業賠了一億元、負債五千萬元」的新聞，當時問曾經寫過兩本暢銷書的他：「何時把這場噩夢寫成書？」他說：「等我還清錢，我再寫。」

當時他預計，努力工作的話，兩年應該可以還清債務，第三年就可以存錢。可惜台灣這兩年景氣太差，他凡事事倍功半，不過，還是令人很意外的，二〇〇二年初他就東山再起了！

去年開始，曹啟泰在新加坡新傳媒主持「百萬大贏家」，節目紅，人也紅，人稱「曹百萬」。接著，他又開創新事業，只是，過去「小孩開大車」的他，這次改玩小的，開的是薄利多銷的冰飲事業，店名就叫「百萬冰」。

許久不見，他抱著厚厚的書稿出現，他如約的把那段賠錢、欠錢、借錢的血淚史寫下來了，而且毫不隱瞞當時是多麼的淒慘、沒面子！看得人心酸難過。

他不吃喝嫖賭，而且兢兢業業，怎麼會摔這麼大一跤？這樣還能再站起來，更讓人佩服他的努力、毅力與抗壓力，以前稱他是主持超人，現在覺得他是無敵鐵金剛。

我認識啟泰，和大家一樣，看華視「連環泡」「每日一說」單元，那個臉很長、嘴很大、說話像機關槍的小鬼頭；印象更深刻，也和大家相同，因為他才二十四歲時，娶了一位大他十歲、而且比他還有名的明星夏玲玲。

跑他新聞時，他剛退伍，滾石邀他擔任媒體總監，還幫他辦了一個很轟動的歡迎會。那時的他，雖不驕傲，但年輕氣盛，加上身材還不錯，走路像孔雀，翹著屁股走！

重回演藝圈，啟泰一路順風，先是中午的「好彩頭」、「全家樂」、接著是「江山萬里情」，他因此節目從搞笑、益智轉型為知性主持人；九三年，他還因「江山」入圍金鐘節目主持人。至今節目開場語「江山萬里情，中國人真行」仍讓人耳熟能詳。

主持人中，曹啟泰被稱為「名嘴」，含意是他和所謂的「綜藝大哥大」、來自秀場的張菲、胡瓜不同。他雖藝專沒畢業，但底子不錯，多才多藝，能寫、能畫、能編、能演、最能「說」，有著學院派清新知性的風格，不開黃腔，加上反應敏銳，言語風趣，曹

名嘴自成一格。

曹啟泰主持生涯有兩次關鍵演出，一次在九三年的金馬獎，當時才三十歲的他單槍匹馬表演一場唱作俱佳的脫口秀，令他一砲而紅。一次在九五年的金鐘獎，他身兼重任，引言人加脫口秀，主持穩重，表演精彩，展現出大將之風，再次震撼演藝圈與觀眾。

從此，他坐上台灣大型晚會的第一把交椅，也晉身為綜藝節目一線主持人。

本書中，曹啟泰說自己甚麼都比人早，早結婚、早生子，第一次性經驗也早（他曾說是國中畢業時）。其實他還早獨立、早成名、早創業、早失敗、早爬起。

我想，他「甚麼都早」的主要原因是他膽識過人又充滿信心。令我印象最深刻的第一件事是他在五天之內決定跳槽中視，完全不顧華視全面封殺的可能，真是有膽！

九四年，張小燕在中視主持週六黃金檔「娛樂星聞小燕有約」，合約到期後，她和另一位製作人郭建宏簽約，「娛樂星聞」製作人黃義雄於是找上當時的「大牌新秀」曹啟泰。

當時，啟泰在華視主持「江山」等三個節目。在只有三台的時代，即使無約，藝人也不得跨台。在他之前，張小燕才因跳槽中視被華視全面封殺，土生土長的「華視寶寶」

曹啟泰要跳槽更令華視顏面盡失、非殺不可。

跳槽中視前，啟泰沒主持過假日黃金檔，可是他才考慮五天就決定「跳了」。當時有人說他是「小孩玩大車，自不量力」，他回說：「我就是天性愛玩大車。」

啟泰的勇氣，部分來自背後有個更猛的妻子。當時夏玲玲對他說：「你現在需要跳級，這是個考驗、被肯定的機會，如果你想，我絕對支持你，哪怕節目全垮了，我們頂多趁機到國外唸書。」

夏玲玲並以親身經驗告訴他：「自己強，別人就非認同你不可。表演也是，幕前演出受歡迎，幕後杯葛有甚麼用。」果真，跳槽中視開了「歡樂有約」後，他又接下「天生贏家」，表現都很出色，是正確之舉。

半年後，胡瓜發生酒廊事件，華視缺綜藝男主持人，遂對趕出門的曹啟泰表示善意。隔年，在製作單位運作下，「天生贏家」整個跳槽華視，他也從此橫跨中視、華視，節目大量增加，甚至做到有線電視台。

主持量最大時，他主持八個電視、兩個廣播節目，例如「電視聯合國」、「笑星撞地球」、「星期天報報」、「電腦小丸子」……，幾乎打開電視就看到一張大嘴、能言善道的他。信不信，他的主持量至今無人可比，可見當時他是多麼厲害；百忙之中，他還擔

任過傳訊電視的節目總監呢！

那時，啟泰出入都帶著電腦，我想那時會電腦的藝人數得出來。錄影空檔，他專心打著、規劃著、交代著，比錄影還忙。問他這麼多節目怎麼受得了？他說：「主持反而是我休閒娛樂的時間。」

後來印證，那段時間他正為了「婚姻大業」每天趕三點半、軋支票，錄影讓他暫時忘卻煩惱，確實是最愉快的時間。

九八年啟泰承認婚姻大業垮了之前，外人問他財務狀況，他都笑說：「放心啦，沒事的。」偶而，他會吐露心事：「以前覺得有四十八小時就好，現在需要三個曹啟泰才夠，一個顧家，兩個忙工作。」

他也坦承自己全年無休，所以找他很方便：公司、攝影棚、電台，他還是公司深夜、假日的總機，因為白天錄影，只有在深夜、假日辦公。他曾累到錄影中途嘔吐、開車遇到紅燈睡著、連著幾天回家只為洗澡更衣！

九五年，啟泰安排妻小定居新加坡，他在台北時住在公司裡。第二年九月，我發現他住到遠企飯店去了，好奇的去瞧瞧，他住的不僅是五星級飯店，還是僅次於總統套房的外交官豪華套房，二十五坪大，有客廳、書房、臥室、雙衛，高級又舒適。

為甚麼住飯店？曹外交官有著成篇的理由：「飯店打折後，每天五千元，我一個月在台二十天，月租十萬元；換在東區租這樣水準的房子，再加上水電、管理費也要這個價錢。可是住飯店有免費冷氣、打掃、水果、鮮花、保全、健身房，還可以方便大家來開會，咖啡、紅茶都省了，對我來說，住飯店高貴不貴。」

採訪時，他正重感冒，發燒，頭痛，半張臉是痲痺的，整個人浮腫，不停的吃止痛藥。雖然表面上是以大飯店為家的闊佬，但臉上流露著疲憊。

又是事後印證，那是他財務、身心狀況最糟的時候，住飯店為舒緩財務、健康的壓力，尤其是要讓人覺得「曹啟泰還很凱，不用急著要他還錢」。

回憶起那一幕，令人心疼也佩服他：「這麼糟糕了，他怎麼還能談笑風生？他的抗壓力到底有多強？」

工作上，我見識過他驚人的抗壓力，他曾在三次大型頒獎典禮上表演單人脫口秀，為了背又長又饒舌的稿子，他把自己關在飯店裡，牆上貼滿了不停更新的稿紙，日夜像困獸般煎熬著，最後身心俱疲的交出漂亮成績單。

這樣的演出，對其他知名藝人來說是「不可能也不需要的任務」，因為做好了加一點分，做不好全部砸鍋，太辛苦，太危險，但他卻覺得是一種挑戰，也是勇敢的表現。

生活上，他也是這樣壓力自己扛、痛苦自己承，即使是對最親密的妻子。夏玲玲聰明伶俐，非常明白他這一點，她說：「定居新加坡後，大家都擔心我們分隔兩地會有問題，其實我最不放心的是啟泰的身體，因為他是報喜不報憂的人。」

夏玲玲說，啟泰真能吃苦，在公司睡過三個月的沙發，每次回新加坡都是黑著一張臉進門，睡三天才清醒，起來後，又當起家裡的長工，電燈、馬桶、傢具都是他修的。

他的助理小璽最了解他的苦。忙了一天，小璽告訴他沒事了，他看表，才晚上六點，立刻有股浪費時間的罪惡感，於是列出名單，一一連絡後，一路談到半夜，口乾舌燥的回家，內心卻非常充實。

是天生的工作狂，還是命苦？

啟泰幼年家境富裕，十歲時父母離異，隨後父親經商失敗，四個孩子分散各地、寄人籬下。念成功高中時，他開始半工半讀，和在建設公司任職的二哥睡在公司的辦公桌上，寒暑假則去擺地攤、打雜工。

因為吃過苦，受過窮，啟泰認為要趁年輕多努力，活著就要用心盡力，並仔細做生涯規劃，充分把握現在、掌握機會。危機感重的他，才走紅就覺得演藝事業是建築在人的基礎上，沒有累積，隨時可能崩塌，因此他積極開創副業，越忙越累，越讓他有安全

感。

九七年十月，財務、健康都到了谷底，啟泰終於想開了：「妻小需要照顧，我也應該對自己好一點。」於是他陸續把生意結束。核算結果，四年的婚姻大業讓他賠了一億多，還負債五千萬元。

白忙一場，有人說他想不開、屁股癢、野心太大，欸，若沒辛苦的成長過程，他怎會勤奮過度呢！換成別的藝人豪賭負債，他的這一跤摔得真是令人同情，也看出他有許多優點。

面臨一屁股債，又是名人，可能早就一死了之，或是拋家走之，最多攜家帶眷遠走他鄉對不起各位債主。可是他沒有，妻小跟著他生活拮据，他在台灣、新加坡、大陸四處尋找演出機會，大小晚會都不放過。以努力工作向債主表示他還債的誠意與能力，非常有責任感。

二〇〇〇年時，曹啟泰演民視單元劇「男人天堂」入圍金鐘獎最佳男演員獎，去年又以「**DR.**酷」入圍最佳兒童節目主持人，顯示寶刀未老。可惜，台灣景氣低迷，電視環境惡劣，綜藝節目嚴重膻色腥化，讓主持量的冠軍寒心卻步。

目前，曹啟泰的債務還清，並主持新傳媒當家綜藝「百萬大贏家」、以及對大陸播出

的星空衛視「食神蒸霸」，在新加坡，他是智慧財富的代表，在大陸則是兼顧台灣輕鬆趣味、大陸莊重內涵的「有文化水平」主持人。

雖說無債一身輕，曹啟泰卻心頭很沈重，因為人情是永遠還不完的，他多次對外感謝幫助過他的人，讓人覺得他「有良心」。他常說，再站起時，發現爬行的過程讓他比八年前還要富有。

最令人感動的是，原本不被看好的老少配婚姻，邁過年齡的差距、居住的分離，又渡過八年的貧賤考驗。十五年前，兩人倉促結婚，甚至沒穿婚紗，五年前，曹啟泰為彌補妻子，盛大舉行十週年的「再娶大禮」，可是當時他口袋空空，兩人笑在臉上，苦在心裡。

今年兩人結婚十五年，曹啟泰否極泰來，又有「百萬冰」的新事業，重要的是，他了解「努力工作」與「穩定發展」是不衝突的。相信，交了這一億六千萬元學費，今後無敵鐵金剛更加刀槍不入，家庭愈加幸福。

希望，五年後，曹先生與夏小姐可以在結婚二十週年時，再舉辦一場真正快樂幸福又感人的婚禮，玲玲一直希望去義大利旅遊，屆時能一圓美夢。

（本文作者中國時報主筆兼影劇中心主任記者）

寫在前頭

消失的世貿中心大樓

在著手整理這本書的前一天，紐約傳來「九一一恐怖攻擊事件」的消息。我一直盯著電視上的新聞報導，直到凌晨四點多。

那感覺非常沮喪。

二〇〇一年九月十一日，這一天，對美國人來說，或者，對全世界的人來說，是在多年的承平狀態之後，又讓我們重新感受到，隨時隨地都會有危機！也許你在看中東戰況、波灣戰爭，感同身受的情緒比較低，但美國發生這種事情，就會讓我們有較高程度的切身之痛，為什麼？因為那是一個我們會去的地方，那是跟我們相似環境的國度。

我馬上打了通電話回新加坡，和自己的家人通話，他們說，這大概是九二一地震以來的第二次恐懼。我可以體會這感受。看到這樣的事，你的感覺是什麼？

這就是我常在說的「思考」的部分，你的感覺是什麼？多數人的反應是：哀痛、哀悼

……等等，我則是覺得「無常」。

生命無常。

它是一個那麼不平衡的事，所以它沒有辦法被防範，如果美國對應的是其他的政權、組織、軍隊，它也許有辦法對抗，可是，這整個攻擊事件卻只是出於五個人、或七個人，它勝過千軍萬馬。而且，讓人毫無防範抵抗的能力。它不是戰爭，它是一場不平衡的對抗。在這裡頭可以看到很多事情：

「在你心目中被認定的敵人，你一定想得到防範的辦法，怕的是跟你不平衡條件的對象。」

我一直重覆地看著電視上的相關報導。

「九一一事件」對你、對我的影響是什麼？我想，那一天，一定有很多人穿得很漂亮，坐在全世界最貴的大樓裡辦公，我在電視上看到一個人，她身上繫的那一條漂亮的絲巾，最後竟然是在一百一十五層樓上揮手用的，我肯定畫面中那個在那揮手的人沒機會逃走。看著這整件事，我就在想：那裡面的人八字都很輕嗎？那整個大樓裡的人，還

有飛機上那兩百多個被當成人肉炸彈的乘客，他們都八字很輕？他們命都該絕嗎？

那天，天堂好忙啊，我相信事情發生的那一刻，天空都沒空位了，所有人甚至找不到自己的軀殼在哪裡……。好啦，這整個事情讓你有什麼感覺呢？「消極？」「算了，誰知道明天會是什麼？」我的感覺是：

「你一定要去看看你的能耐是什麼？」

在這場劫難中往生的人，在某種程度上來看，可能也是一種福氣，來不及遺憾就走了。有些人的命好一點，恐懼只有一剎那，因為他上班的那一樓，剛好是飛機撞進來的那個樓層；命比較差一點的，是那個以上的樓層，因為跑不掉，只能等它垮，接受到比較多的恐懼；命更差的，可能是那底下的樓層，要往外跑來不及，最後上面垮下來！

所以，雖然他們同樣都受到劫難，可還有分三流、九流，那，你要當哪一等？如果讓你有機會選，你要當哪一等？

大家都知道，一棟大樓裡最貴的是頂樓，尤其在美國。那個在頂樓的人奮鬥一生，

然後達到全世界之顛，他的辦公室、他的王國、他的天下就在那裡，老天爺要讓他走那麼長的一段人生，有那樣一個成績，怎麼……最後卻給他這樣的結束方式？（突然又想起，前央行總裁許遠東伉儷從峇里島旅遊返台卻消失在中正機場跑道底端的那一刻，他在想什麼？還能接受嗎？……無常。）

所以，所有得了疾病，只要沒有太多疼痛的人，這時候你要開心一點，因為你有時間準備：心理的準備、跟家人的準備，大家把疼痛從一剎那改成一段期間，你的悲哀、陣痛就會稍微緩和一點，你有慢慢做心理準備的機會，在比較級的情況下，這是**一種幸福**。

那他們有沒有比我們幸福的地方？有。我們可以確定「很痛」，但一定痛得很短；也確定因為來不及對罵，所以也沒有留下仇恨，這也是一件好事情。生命只剩三十天的癌症病人，也有一種不幸福，就是：如果你有財產，你給了誰？於是，你有機會去選擇跟證明你是愛誰多一點？對誰偏心多一些？這是很嚴格、很殘酷的考驗，那些人提前結束問卷，不必做這道題目，而這些人要。

你說，天底下哪有哪一個叫做比較好？比較不好？其實並沒有，你可以羨慕得癌症的人、羨慕出意外的人，你也可以羨慕在世貿大樓罹難的人，或者，你都不用羨慕別

人。

我不覺得「九一一事件」是個悲哀的開始，如果你把生命用「濃縮」方式看，反而是一個很好的事情，很多人都是在大苦難當中頓悟，你就用這樣一個大苦難來告訴自己：

「你看，生命真的可能在突然間就濃縮了！」

聽到新聞的那一刻，你最想打電話給誰？看到一個這麼大的悲哀，你最想打電話給誰？我一個非常好的朋友，一下子就掛一通電話回來：「你們看到了沒有？」我不是在感覺這件事怎麼樣，而是在感覺：「他為什麼要打電話給我？」我第一個是打電話問家人：「有沒有在看？孩子們有沒有在看？」

你的感觸是什麼？每個人都要自己看，都要自己感覺。

如果現在是個點，請你把你前面所有的生活「濃縮」成兩個字，或一個字，或一個**image**，它是什麼？

我拿這一題來問自己，我現在看到的是：一個字是「好」，兩個字是「很好」，如果

是一個**image**，我看到的是我自己的笑容；那你叫我往後看，如果生命濃縮成一個字，兩個字，或一個**image**，那是什麼？一個字還是「好」，兩個字是「更好」，那個畫面是我笑得更開心。

那，在此刻這個點我要做什麼？我唯一能做的事情就是：不讓前面的「我」丟臉，不讓後面的「我」失望；以前的我，不會覺得丟臉，以後的我，不會覺得當時浪費了。

那麼你呢？此刻的你剩下什麼？你要做什麼？

前言

曲終，人不散

八年前，我是個年輕人，我做了一樁我想做的生意，結果，摔了一大跤。

如果大家說我做生意做得很不像樣，我同意，因為我整個生意本來就不太像大家想得那樣，因為，我碰到很多不像樣的生意人，所以，整件事就很不像樣，很有趣。

老天爺給我一個機緣遇見巴西珠寶大王丹尼爾（**Mr. Daniel Andre Sauer**）和他的經理劉先生（**Richard**），他們主雇兩人來台灣與我合辦珠寶展的期間，我想，他們看到了很多：看到我用心安排的每一件事，看到我做的現場佈置，看到我對人、做事，其實，那些都不是故意表現給誰看的，但是，**你一定要相信所有人都看得到你做的每一件事情，**那些都是日積月累來的。

一九九四年，當我發生財務危機後，我已經沒錢跟他們結最後的帳款，我已經結不出來了，當我告訴**Daniel**我有經濟上的困難，請他給我一點時間，結果，他只回覆了一句：「沒有關係」就講完了。

哪有人是這樣做生意的？

在那之後的第二年，他們到香港參加珠寶展，當時我正預備到香港上班，所以就去跟他們碰頭，請他們再給我一點時間：「有一天我會還的」，他還是一直安慰我：「真的沒有關係。」我到今天都還記得我們是在哪家餐廳吃的飯，我坐在哪一張位子上。

後來幾個公司在做結清、結帳的時候，我在整理保險櫃時還找到了幾盒他的東西，到今天都還沒還給他們，我一直沒處理。

我真的很謝謝他們，不是謝謝他們在危難的時候幫我，因為那個時間不幫我就是逼我，他若逼我，我就會還他，或者，想出其他解決之道。但那個感情的成分就不同了，所以，我要謝謝的是老天爺，給我一段一段這麼好的感情，是這些所有的感情讓我在最糟的時候有支撐，所以，我怎麼能垮？有這麼多人在喜歡我、幫我，我怎麼能垮？垮不了！

這個債務我到今天都還沒還，不過我敢承認，而且又一點都不急，我心裡就是在想：我跟他們的緣份應該還沒完，那個帳絕對不是我從台灣匯了一筆錢過去就解決了，絕對不是用這個方式還掉的。我們已經三、四年沒有聯絡了，但隱隱約約覺得彼此之間還會發生什麼事，所以，等這本書出版後，我要寄一本給他們，請劉經理翻譯給丹尼爾先生聽。

Daniel、Richard, see you in Rio de Janeiro.

目錄

Part-1

細說從頭（From 1993 to 2001）

因為率性而為，
我不信自己有什麼做不到的，
做生意從來沒有試算，也不知道需要多少錢就一路往前跑，
結果，歷經了一段「因為盲目而投入」、「因為了解而掙扎」、
「因為放棄而振作」的創業試煉。

我非幹不可！

三十歲的我，意氣風發，有房子車子妻子兒子、口袋裡的錢多到來不及拿到銀行去存，我的下一步是什麼？我要創事業！

三十歲生日那一天（一九九三年七月二日），我特地請外燴到家裡席開整棟樓，後院還張羅著自助餐。賀客盈門。

我當時的環境是什麼呢？我在極舒服的狀態下：有良好的工作、完整的家庭、妻賢子孝、兄友弟恭、經濟情況許可、手上有好多節目。

二十三歲的時候，我還是一個月薪一萬元的小助理，七年後，我就置身在眼前這幢四千萬的房子裡，車庫裡停著我的兩輛新車。我，白手起家。

別人說我很風光，但我沒覺得有別人說得好成那樣，因為沒什麼感覺，我只是在做我喜歡的工作，那就好像……你不會因為你喜歡看電影，然後被旁邊的人稱讚一聲：「哇！你真是全台灣最會看電影的人！」就會有特別的感覺。沒有嘛！我只是很喜歡表

演、很喜歡主持，剛好，又有很多機會主持，就是……很快樂。

只是，下一步我要做什麼？

◎你是不是屁股癢啊？

很多人只要一聽到朋友打算要做什麼事情，不外以下幾種反應：

「你是不是屁股癢？」

「你是不是又坐不住？」

「你是不是又在找自己麻煩？」

「要一個人去死，就叫他去拍電影；要一個人落魄，就叫他出版雜誌！」

朋友不是用來提供負面思考的，但是，絕大多數的朋友給的都是這樣的答案。還有一種朋友，則專門提供**不負責任的快樂**：

「很好啊，很棒啊……」

當時，這兩種朋友我都有。一般人在這樣的拉鋸下，如果又沒有很清楚自己的時候，就會信自己。當時，我自己的邏輯整理完後：

「三十歲已經是現在這個樣子了，那我還要幹嘛？」

我不覺得我是屁股癢，我也沒有覺得我很好，我的過往一直是率性而行，因為趕得

◎送你一支煙，讓你看見一片青雲直上的未來。

太快，所以，我也沒有什麼可以參考的案例，好比，旁邊有沒有四十歲的人，他在三十歲的時候也是跟我一樣，然後，可以讓我看一下他是怎麼做？

沒有，當時我身旁沒有這樣的例子，他們都是到四十歲、五十歲、六十歲才這樣，甚至一輩子都沒有這樣。

在我做幕後人員的時候，王偉忠先生是一個很好的榜樣，可是兩年之後，我們的跑道就又開了，因為他並沒有轉到幕前當藝人，而且，他成家的時間比我還晚；陶大偉先生，我們曾經一起做過兒童節目，但在我開始轉變成綜藝節目主持人後，彼此的跑道又不同了，雖然他也曾經當過綜藝節目主持人，畢竟，我們的年紀是有些差距的；再說小燕姐，我們是兩種完全不同的人，而且她是位女性，男人很少會拿女性做為自己的例子，雖然……有非常多女性的成就我一輩子追不上的，但，那是我要的嗎？

每一個階段，前面都要找一個例子，但我沒有任何可以參考的例子。那，我該怎麼辦？

◎我要自己寫例子！

我總得過日子。

不要麻痺的唯一方法就是「推陳出新」，跟做節目一樣：「門柱不蠹，流水不腐，滾石不生苔」。

在衡量過一切外在條件後，我發現，在我可見的光譜中，最明亮的那一道就是「去創一個事業」；在我的事業**know-how**光譜裡面，最明亮的那一道就是「做跟我公眾形象有關」的事；在我們家庭緊密度關係中，可見光譜裡最明亮的那一道就是「做跟我太太有關」的事。

我跟夏玲玲是那種生活緊密度非常高的夫妻，她和我一樣，當一切都搞定了之後也在想：「接下來我能做什麼？」想著想著，她就說要去學珠寶，我也就跟著一起去學珠寶，當一切都做完之後，我就順理成章選擇珠寶做為我事業上的轉折，她也不反對。

理論上，我最熟悉的是傳播，應該去做電視節目才是，怎麼會去做珠寶？因為在台灣，傳播是一個打工的行業，我不想做，在我的可見光譜裡，它一點都不明亮，所以，我沒有回頭去做這件事。

我們兩個人聯名開了一間「曹先生與夏小姐的珠寶店」，光聽這個名字也知道，我們也不是真的要來幹這件事，只是為了好玩，當時是用工作室的形式成立的（一九九三年）。

沒多久，《商業周刊》的金惟純先生來找我寫書，之前，我也曾在《號外》雜誌闢過專欄，就點頭答應了。但是要寫什麼呢？一位好友的建議是：一個人的名字就不如兩個人的名字；要創新一個觀念就不如引用他人已有的印象。

◎一瞬與永恆，根本是一個字。一瞬總決定了永恆，永恆的回憶只有某一瞬間。

「兩個人？」那就是我跟夏玲玲囉！

「他人已有的印象？」那就是我們的婚姻囉！

如果到現在老少配都可以炒成這樣，大家就可以想像十五年前的老少配喧騰成什麼樣子？他覺得我應該可以往這上頭想，而我只回了他一句：「結婚真好！」

原本大家預期要看的是婚姻裡面的甘苦，雖然字面上是「甘」「苦」兩個字，可是，所有人都在想第二個「苦」字：「談談這件事裡辛苦的地方。」可是我直覺想到的卻是那個「甘」字，原本大家要看的是老少配裡的哀怨、無奈、悔恨，因為那時候書市流行的都是什麼：《完全自殺手冊》《完全毀滅手冊》《完全復仇手冊》……之類的書，結果被我一想，翻案成「結婚真好！」一般人都不太喜歡看什麼很古典的、很歌功頌德之類的文章，但我還是很順著自己的感覺走，寫了《結婚真好！》，出了一本相反於大家原本想像的東西。

而老天爺做的最有趣的事情就是讓這本書大賣！在這種情況下，我的頭腦怎麼靜得下來？

一直以來，我做什麼事情都想比別人早發生：早結婚、早生子，就連我的第一次性愛經驗也很早。什麼都很早。這樣，生命會不會也結束得比較早？誰知道？但是最起碼會比較願意早結束，因為沒有什麼遺憾。

擋不住的奇蹟！

有些人追著幸運之神跑，這比較慘，因為通常追不到；有些人抱著幸運之神不放，這也很慘，因為你不知道祂的心有沒有向著你？最高境界是「跑給幸運之神追！」我當時就有這個感覺……

接下來，所有的一切都緊緊地排在一起，成功來得很快：書賣得的很好、珠寶工作室 **so far so good**。

已經完成的部分在此時變成未完成部分的動機：我的珠寶店加上我給人的 **image**「結婚真好」……那，我應該做什麼呢？我的珠寶當然是應該做給「兩個人」的，兩個人的珠寶叫「對戒」「結婚對戒」，很順理成章、很市場取向不是嗎？而且，都是拿既有的資源做最大的釋放。

於是，工作室成了珠寶店，名字就叫做「伉儷」。

◎左右逢源吃得開

◎忽然的事其實從來未曾忽然過。

突然，我跟夏玲玲又想要再生一個小孩，因為我們的女兒囡囡很棒很棒。

我們夫妻倆都覺得這個孩子是老天爺賜給我們的！囡囡非常敏感、非常懂事、非常窩心（我怎麼會有這樣的女兒？），三歲就讓我們帶著去澳洲玩，說不吃奶就不吃奶，每天乖巧甜蜜、不哭不鬧，想吃白飯都不講，七天以後，第一次看到白米飯，開心地掉眼淚……。她就是這樣一個小孩！

我常常跟自己說：「這樣的小孩不多生幾個，我真的對不起人群。」她真的很好，從小乖巧伶俐，小學一年級起就是模範生（現在照顧哥哥、照顧弟弟也全是她。），這樣的孩子最好有一百個啊！我們能一起過一天都是賺到的，每天都很好，所以，我們當時就決定一定要再生一個。

我也真的有條件再有一個孩子，我年紀還輕，夏玲玲的狀況也還可以，所以，我不但在外頭發展了所有的事業，還又決定生一個孩子，生不出來沒關係，我們去做一個！（誰知道，生出來不太一樣，不是像囡囡那樣，而是另有一功，當然我們也是很愛很愛。別小看你的心，它寬廣的叫你意外。）

有一天，我的一位老同學來找我幫忙，他的雜誌社經營不善。

我當時的想法：一本書是一個階段性的媒體，如果要讓它延長效益變成長期性的媒體，那就辦本雜誌吧，而且，又有現成的經理人選。如此一來，不但在自己的能力範圍

內普降甘霖給朋友，又同時推廣了自己的母體事業。

因為要出雜誌，珠寶店要面對的銷售群眾就瞬間擴大，原本只預備賣給樓下的鄰居、跟看得見店招牌的人。有了自己的雜誌、自己的珠寶店廣告後，就可以賣給全部看得到這本雜誌的人。

那……這本雜誌是要做什麼？因為我們在賣珠寶、賣對戒，當然就是做給要結婚的人看囉，當然就是做結婚雜誌囉，所以，《結婚報報》創刊了！

另一方面，因為要把珠寶賣給這麼多準備結婚的人，原本的工作室規模就不足以應付場面了，所以，就該有自己的工廠去生產珠寶，就要有自己的設計師、金工師傅，我自己也要投入其中去了解生產過程中的所有事情。

到了這個階段，其實我都還覺得游刃有餘，我學著管理珠寶、管理工廠、管理師傅、管雜誌、管文筆、管美編、管排版，非常有趣！在生活的極限裡，每天都有新的驗證！一天一天，畫面更形美好。

◎選擇也是命運。

一九九五年三月，台北之音開台。傳播圈哪一個不是我的朋友？當時有人來找我開節目，做廣播對我來說不是什麼困難的事，要我說三個鐘頭、五個鐘頭的話輕而易舉，

「和台北結婚」開播了！

接著，又有人開了電視節目，想搭我的便車，要做「結婚真好」「太太萬歲」「愛情萬萬歲」……諸如此類的節目我照單全收，當時我就覺得自己完全打開了，甚至打開到有一半的朋友都問我：「你是不是屁股癢啊？」

◎我的字典沒有「不可能」

一旦了解我的動機，就會知道沒有什麼是不可能發生的。

我有最好的狀況跟條件去接受一切事情，不但是公生活，連私生活也都處在一種完全打開的狀況，因為我的家庭生活緊密度很高，所以我不會去做他們不喜歡我去做、或對他們有傷害的事，好比：我不會去做見不得光的事、不會去做非法生意、不會去做特種營業……那些我做不下去，它跟我的**image**也不合，回到家又不能講，所以我也不會去聲色場所，加上結婚早，演藝圈五光十色的事情也見多了，那些對我已經不太有影響力了，也不覺得有那麼好玩了，我看過所有大家認為最美的女孩子，就站在我身邊，每天一起工作，那又如何？我一樣看得到她們上粧前、卸妝後、半夜累的時候是什麼樣子？我都看過。

所以，食、色、性對我來說，沒什麼特別的吸引力，我唯一能做的就是：在沒有阻力下，順著這個方向，一路往我可見的光譜中最明亮的那一道向前奔去。那也是後來所

有人口中說的：「你擴展得太快！」的那句話，但在我自己的字典跟時間表裡，我覺得它們發生得好自然、好水到渠成、好左右逢源，裡面一點阻礙都沒有。

我一路大步向前跑。

我美好的動機帶來美好的願景。後來它有了更大的擴張跟發展，那是因為又有了其他的動機。一開始，它只是這麼單純，它只發展到這樣的規模。

◎人生的喜樂就在開闊地擁抱悲哀。

三顆寶石

我有一顆金綠柱貓眼石、一只三・二一克拉的結婚八周年紀念鑽戒、以及現在主持「百萬大贏家」時戴在手上的紅寶石戒指，它們分別代表我三位特別的朋友。

我之所以會把珠寶生意搞大是非常偶然的，全是老天爺幫的忙，給了我一段奇妙的機緣。

最早的時候，我和夏玲玲只是弄個珠寶「工作室」，純粹當個興趣，畫畫設計圖、一個星期做一個戒指，開開心心的，沒有打算要拿來賺錢，可是，如果你是我，當你拿到巴西最大珠寶公司的總代理權，你覺得你會做一個怎樣的生意？

◎巧遇Daniel& Richard

一九九三年，我跟著「連環泡」節目到巴西出外景，那是我第一次去南美洲。

因為巴西的治安不是很好，拿著攝影機在路上走，前後都要跟著兩個穿西裝的保鑣，口袋插著槍，要不然，攝影機會被搶走。所以，我們的外景隊前後也都有保鑣，我是脫隊去買珠寶。

當地珠寶店門口都有荷槍實彈的警衛，我走進去的那家店叫做阿姆斯特丹（**Amsterdam-Sauer**），那是一家已有五十年歷史的老店，本身還有礦山。

店裡的經理劉先生是上海人，兩歲就到巴西，之後就沒離開過，他是那家珠寶店的兩代老臣。可能因為難得看到一個黃皮膚的華人，他就過來用中文跟我交談。我當時只穿著一條游泳褲，所以趕忙跟他解釋：「我是台灣的電視明星，因為出外景湊巧來到這裡，所以才會穿條游泳褲。」

我們聊了很久，那時我剛開始接觸珠寶，對他們店裡的很多寶石都很好奇，就東問問，西問問，也跟他說我在台北是怎麼樣的一個狀況。

因為他們在巴西、紐約、東京都有分店，但是東南亞地區沒有，在當時，台灣在世界上是很出名的經濟環境，所以我跟他提了，如果他們想往台灣發展，也許我可以幫上什麼忙。

那天，他們老闆丹尼爾就在里約熱內盧這間總公司的樓上，他剛好走下來，劉先生就幫我做引薦，我們只簡短地寒暄幾句。

一會兒我就離開了，當場看的那幾樣東西也還沒有決定要不要買？只是心想：「明天再繼續看。」

第二天，劉經理就派了一輛車，還有武裝警衛到飯店來接我到他們公司去一趟，繼

◎生命的意義是站立，躺平後是別人的生命。

續討論前一天我想要買的幾樣小東西，我跟他們聊了很多，後來，我就刷卡帶了一些樣品回去。

那一次我買了好幾樣小東西，其中，有一顆是金綠柱貓眼石。

兩個月後，他們來了一通電話，說要到香港參加珠寶展，希望能跟我聯繫。他們大老遠從巴西飛過半個地球來到香港，我有什麼理由不去香港一趟？更何況，我也準備做珠寶生意，就真的去了。丹尼爾跟我相談甚歡，越聊越開心（我是一個很好聊天的人），然後，他就決定要來台灣一趟，回巴西後，他們就來了傳真、來了電話，希望能跟我合辦珠寶展。

因為要辦這個展，我開始在雜誌上刊登珠寶廣告。有一天，我突然接到一封信，這家珠寶公司給了我獨家代理權，不但一毛錢沒花，還拿到一年五千萬以上的信用額度，這是所有做生意的人都想要的合作條件（就是：如果我對你有百分之百的信任，我把所有的貨出到你店裡，賣了再結）！而且，我們還是一年結一次帳。

那一年，我在台北凱悅飯店舉辦了「第一屆巴西珠寶展」（一九九三年），用了一批特別訂做的珠寶櫃，當他們來的時候，我看到他們眼睛裡的喜悅，他真的好開心，為了這個，我把我辦公室的另一半又租下來做**Show Room**，讓他們可以在那邊做生意。

那次的珠寶展銷售成績很好。隔沒多久，我去香港結帳，把一些重要的貨款、還有一些貨帶到香港給他們，我們在香港相處了兩天，談了很多有關將來的可能性，最後，對方放了超過五千萬的貨在我的珠寶店裡，我也就開了一個大珠寶店——理由很簡單，因為我有很多貨。

在香港的那兩天，我一直想善盡東道主的責任，要招待他們去吃點東西，想了半天也不知道要帶他們去吃什麼？後來我們就去吃最出名的大閘蟹。

丹尼爾是那家珠寶店的第二代，他的年紀跟我差不多，只大我一點點，而劉經理是兩代重臣，年輕的時候陪著老老闆開疆闢土，現在則要看著這個小老闆，陪著東奔西走。丹尼爾那一趟還帶了他的太太。

我們一塊兒到香港一家大閘蟹最出名的店。那是我第一次看到那個劉經理對他的少東主完全視而不見，當我跟他說要去吃大閘蟹的時候，我看到他眼睛為之一亮，那是他第一次到香港，也是他五十歲以來，第一次離中國這麼近、第一次坐在一個上海館裡吃大閘蟹……他其實是一個滿傳統的華人，所以你會看到他的興奮跟震撼，那很感動人的。

◎孤獨和寂寞完全無關。孤獨是選擇，寂寞是被迫。

吃大閘蟹其實是一件很麻煩的事，我們總共叫了四隻，當大閘蟹上桌時，丹尼爾夫婦倆嘆了一口氣：「為什麼要吃這麼麻煩的東西？」他們覺得應該吃大魚大肉才對，因為在他們的家鄉，螃蟹有這個六倍大，但他們還是很應景地吃了一隻大閘蟹。還留下一隻。

整個過程我是慢慢吃，劉經理則一句話都沒說，感覺上他好像是邊吃邊哭（我沒有看到眼淚，但感覺上是這樣，他可能在想他的父母或者是其他的事），我們就不打擾他，我和丹尼爾打趣：「這個人正在他的故鄉夢裡。」劉經裡吃完之後，連他老闆的那一隻也一併吃完了。

回巴西後，他們就拿著展覽的照片、銷售成績跟老丹尼爾先生報告，這位第一代的企業家後來寫了一封信來謝謝我跟我太太，然後送了一份委託書，請我們將他的英文本傳記書翻譯成中文出版。

因為當時我自己有一家雜誌社，所以翻譯好之後，就由夏玲玲審稿，最後交由自己的公司發行《巴西—寶石的天堂》一書，瞧，出版社有了自己的書系了，又是一步。

第二屆珠寶展剛好是琢琢出生的那一年，他們來參加我孩子的雙滿月酒，看到我在台上掉眼淚，也看了我主持的節目。

這一年，整個格局已經大不相同了：我開了一間大珠寶店，整個配合也不一樣，我們辦完了在凱悅的發表會後，就回到店裡繼續辦珠寶展，他們就在我們的店裡舉行銷售，整個生意面放大了許多，很愉快。

我還記得當我跟丹尼爾說要開珠寶店時，他除了前一年留給我的貨，又寄了一批貨給我，然後，他從巴西發了一封傳真給我，說要送一個禮物慶賀我開店，三個禮拜後，海關通知我去提貨，結果，竟是一個重達四百多公斤的紫水晶原礦！我到現在腦海裡都還有那一幕：起重機在我店門口下那塊石頭、拆箱，然後放進我店裡的那個畫面。我至今都還記得。那還必須在我店門裝好之前放進來，否則就進不來了！多有趣的朋友！

在第二屆珠寶展期間，有一天，劉經理不知為何赤子之心大發，突然戴著我的一副太陽眼鏡，在店裡擺**Pose**，看他那麼高興，我就把那副太陽眼鏡送給他，因為我覺得他戴起來真的很好看，就堅持他一定要收下，他好高興！可是，當時他臉上的表情也讓我嚇一跳，可能從來沒有人像這樣送過他禮物，或許，他已經很久沒有愛漂亮了，可能……也很久沒有人注意到他有沒有在愛漂亮，我不知道，可能因為我是一個主持人吧？**我總是看得到**。

劉經理已經是當爺爺的人了，所以，我跟他應該算「忘年之交」，跟丹尼爾則是「忘種之交」。

◎關上一扇窗之前，多吸一口氣。

◎珠寶展上的奇米摩多先生

在這個階段，我有了有色寶石的供應商，就是**Daniel**先生；鑽石供應商則是另一位**Kimimodo**先生。

我跟**Kim**是在台北珠寶展上認識的（一九九四年三月）。

當時，我在會場上幫客人找一個鑽石，因為我沒有固定的鑽石供應商，我就到裡面到處去找，我在每一個攤子前面逛，到處問人家：「有沒有一克拉以上的鑽？」

我不喜歡跟我的觀眾做生意，因為我總覺得那樣不單純，對方到底是在跟我做生意？還是在跟電視上那個曹啟泰做生意？所以，我都跟外國人做生意，因為他們不知道我是誰，等對方知道我是誰的時候，我們已經是朋友了，之前已經檢查又檢查、確認又確認過，所以沒有風險。

很少看到一個珠寶商像**Kimimodo**先生這麼不經心。

通常，我們到珠寶店或銀樓的時候，當店裡頭的人拿東西給你的時候，門都已經鎖得死死的，對方在服務你的時候，一旁還會有人盯著你，彷彿天底下的人都有可能偷東西。

如果你曾經到過電腦展的會場，你就可以想像珠寶展的會場有多凌亂，可是**Kim**在現場賣鑽石的感覺，就好像軟體大展時，人家在發磁片！當我問完：「有沒有一克拉以

上的鑽？」他竟然把鑽石往桌上一丟：「你先看。」然後就轉頭去做別的事了。好絕喔！

看完後，我跟他說我的客戶有可能會喜歡，可不可以約個時間，看是他到我的店裡來，或，我帶著我的客戶一起到他的旅館去看這個貨。沒想到，他當場把這個石頭包一包：

「你先帶走，有結果再告訴我。」

我們素昧平生，那是第一次碰面，那時候我已經開了珠寶工作室，然後，我把名片遞給 **Kim**。

我相信在我離開後，可能有人會告訴他「那個人是誰？」因為旁邊很多人認得我，他旁邊也有華籍的工作人員，人家會告訴他。但是在初次碰面時，他不知道我是誰。

我覺得，他是一個相信人跟人之間感覺的人，他覺得「這個人不會騙人」，他覺得「這個人是可以這樣做的」，他就這麼做了。我們兩個人的緣分就從那一刻開始。後來我們一起做了很多生意，常常，我從台灣發一份傳真過去，他的鑽石就從美國飛過來。

Kim跟我太太、還有我身邊的一些工作同仁都很好，他常常幫我這個、幫我那個，

◎我們連自己的腦子都管不住，你想管誰？

他可以幫各式各樣的事情，連我跟夏玲玲結婚八週年的那顆紀念鑽都是他幫我找的。

當時，他從美國打電話給我，說他找到了一顆三・二二克拉的鑽，上面有一點點的瑕疵。

鑽石的等級是這樣：假設一個鑽石應有一百六十六面，如果它有一個瑕疵在角上，把它切掉後，就會變成一百六十七面，它不是標準切割，可是它就變成無瑕、全美（**FL**）的鑽。有了這點瑕疵，它的切割面是合格的，可是等級就變成**VVS1**，那還是等級很高的鑽，不過不是「全美」。

後來報紙上說我送了夏玲玲一個三・二一克拉全美的鑽，因為我自己是鑽石商，找到這個三・二二的鑽後，我把它切下來多了一面，重量就剛好是三・二一克拉，而三月二十一日是我們的結婚紀念日。

那是**Kim**幫我找到的，他很高興，我也很高興。

我們一直有這樣的交情，後來我們買賣鑽石、做生意都已經是其次了，他來台北就找我，我們之間永遠是約了見面、接來送去，兩個人晚上出去小**Pub**喝小酒，在他離婚的那幾年期間，老是看到他在**Pub**把美眉，很開心，他後來當然也知道我是個明星，可是，那對我們之間的關係一點影響都沒有。

Daniel和**Kim**，他們對我都是亦師亦友。在做珠寶這件事上，他們教了我非常多。

我在做珠寶生意時，不經意認得的幾位外國人都很有趣。

有一次，我在香港珠寶展（一九九三年）上遇到一位德國人，他會講一點點英文，我也只會講一點點，所以，我們兩個人就慢慢講，相當投緣，最後他送給我一顆寶石，這個寶石現在就在我錄「百萬大贏家」時戴的百萬戒指上，那是一顆不常見的四方型蛋面紅寶石。

◎虛榮，是一種安慰；安慰，是一種躲避；躲避，是一種舒展；舒展，是一種虛榮。

一句對不起……

能對不起你的，都是身邊的人，距離太遠的，反而沒機會。一開始，是一個交情很好的同學跑了，他寫了一封信跟我對不起，而這一句「對不起」，價值三百萬……

人在好的時候，牛鬼蛇神一定會出現；人在狀況不好的時候，就要覺得很慶幸，因為牛鬼蛇神不會找上你。

站在高峰上幫人都不必彎腰，只要把手往下垂就行，可是，你知道這地球上有一種物理現象叫做「虹吸管原理」？在低處的人可以吸在高處的水。

◎接二連三的虹吸現象

對於陌生人，我們都會有基本的防範、基本的自衛，可是，對於一個在情感上你不能拒絕的人，或，狀況是需要你協助的人，就很難以防範。

在中期發生的第一個打擊是：我一個十年的老同學跟我說一聲「對不起」，他的這句對不起，是寫在一封從美國寄回來的信裡，他原本是我雜誌社的總經理，他從美國寄了一封信來說「對不起」，那時我已經找了他十天，原來，他人已經到了美國，而這三個字，

價值至少兩三百萬。

這個人當初來幫我辦《結婚報報》的時候，同時還帶著他自己原來的兩本雜誌《電玩家》《*Card Holder*》，我照單全收，順手降三滴甘霖，哪知，這三滴水連在一起變成一條線，然後這條線變成「虹吸管原理」，一下子就把我瓶裡的水都吸乾了，就變成了三本雜誌。

我先前就借了他三百萬，但是我因為他而去開創的一些事物，因為他而批准、承諾的一些事情，加起來就不只這個數字。

另外一個說對不起的，是跟夏玲玲認識三十年、跟我認識十年的人，那個人說對不起的時候，也帶走了五、六百萬。

◎挖東牆，補西牆！

我當時雖然看起來很紅、節目很多，但事實上，我剛進演藝圈時，就已經揹了一大筆的銀行貸款，我的個性一直都是：

別人口袋裡如果有一千元，可能會存個九百；我呢，一定是口袋裡只有十元，但是全家人過著一百元的日子。

所以，我在身上只有八十萬的時候，就去買了一棟一千八百萬的房子（一九九○

◎握手，就是兩個人用身體最遙遠的方式接觸。

年），後來，我把屋子的裝潢工作交給一個很親近的人去做，但他在估價的時候，就比別人多估了二十萬元，因為他跟我交情匪淺，所以還是交給他做，本來我的預算是一百六十萬，結果卻花了六百萬元，那個人後來也跑了！

那時我才結婚沒多久，夏玲玲常常耽心我從樓上跳下去，就在我自己買來的第一幢房子露台的玻璃窗前，我常常晚上站在那裡想：「明天早上我要去跟誰借錢？」從我主持「好彩頭」開始（那時候我還沒紅），我的主持費都是先借的，都是今天領下個月的。

我一開始就是處於負債狀況中，做生意當然也是如此，我並不是有本錢才做生意，而是一路都在舉債。

因為懶得別人囉嗦，幾乎所有的事業都是獨資，在那個過程中，因為很衝動、很莽撞，從來沒有試算、沒有財務報表，也不知道需要多少錢就一路往前跑，我決定要開珠寶店是那麼隨緣、我決定要辦雜誌也是很隨緣，一切都是率性而為。

單從這個角度來看好像很危險，可是以我當時三十歲的年紀，我有人生階段裡最高的「容錯率」，我根本不怕會發生什麼事。可是因為我那個同學先跑掉了，很多狀況一下子就都跳到眼前了，當時我口袋裡並沒有兩三百萬現金可以支應這件事，但為了要負起那個責任、為了要讓開出去的每一張支票兌現，我就必須把它拆成好多張，然後必須：先還點利息，往後延三個月，再往後延六個月……，可是，如果當中的某一張票我付不起，怎麼辦？我就必須要再找另一張票，而那個又要付利息，整個過程就是不停地周

轉。

為了要負那個責任，真的就要擔起很多事。你一定聽過「挖東牆補西牆」這句話，但我其實根本就沒有牆，哪裡可以「挖東牆補西牆」？所以，我不夠了就從外面借、就從身旁所有資源去對調、集中。

講到這個「對不起」，一定會跟借錢有關，所有的借貸關係都會牽涉到我剛剛說的「對不起」。

我們在跟人家調動的時候要說「謝謝」，如果不是因為有那麼多人跟我說他對不起我，就不會讓我後來有那麼多動機需要去跟那麼多人借貸，我就不會交上今日這麼多朋友。

以我一個演藝人員，我何須跟那麼多行業的人打交道？但是現在，在這些領域裡，我都有可以調動的朋友跟對象。

◎誰都曾仔細觀察別人，卻對自己的背影最陌生。

一九九五年十二月二十三日非常地帶

清晨五點，我在機場送全家人移民到新加坡，回來之後忙著去軋最後的一千四百萬，我一直記得那一天，那是我從順勢發展到必須面對「我失敗了」的節骨眼。

一九九五年年底，我得到承辦萬寶路「非常地帶」耶誕晚會的機會（中時晚報、伉儷傳播主辦）。我親自到天母大葉高島屋打點所有的一切：看場地、看布景、看酒吧、看門票……等情況，同時，我還在整理要軋的一千四百萬在哪裡？為了籌這一筆錢，我找了六、七個人。

在那之前，我還必須先將全家人送到新加坡。

◎遠離台北

選擇移居新加坡，用意就是在「清理戰場」。打仗的時候我們都會把傷兵往後方送，而不會帶著傷兵向前衝，當時台灣對我而言就是戰場，我一天二十四小時就是戰場，家裡面還有老弱婦孺、生病的、年幼的，所以，他們一定要離開我正在打仗的這個空間。

我曾經考慮過加拿大、美國，但是不行，太遠了，我去不了、他們回不來，而且成

本過高、還有初期的適應……種種問題，雖然，我們在新加坡那邊也沒有特別的朋友照應，但在距離上是讓我比較放心的。

十二月二十三日清晨五點鐘，我帶著我的妻子、女兒、管家，抱著我仍襁褓中的兒子到機場，看著他們上飛機、看著他們到新加坡。回到家，回到那一百四十坪的大房子，我住的地方已經空盪盪了，所有的傢俱都已經在兩個星期前打包好、上了貨櫃，我的狗也早就送到教練場給別人了，那是一條「挪威那」大狗……，那房子裡什麼也沒有，只剩一張沙發床，我的所愛都不在那裡了，但是，我不能讓別人知道我「窮困潦倒」，我繼續在外頭當明星、當老闆。

◎一千四百萬在哪裡？

送完飛機，從機場趕回來後，八點鐘一進辦公室我就一直在軋錢，湊最後不夠的五百萬、三百萬、兩百萬、一百萬……東湊西借的，就是不願喪失信用，很多人在最後緊要關頭，不是一咬牙讓它衝過，就是一咬牙讓它算了，棄權。我不肯。

總共是一千四百萬。我一直記得那一天，我也不知道為什麼，我把所有的票都開在那一天？

當天還有一個朋友打電話來，他的婚紗店有一場婚紗秀，希望我能夠去捧個場。到

◎閉上雙眼，通常才知道顏色是什麼。

了下午三點，我的支票其實還沒有軋完，還有確定的錢還沒有進來，於是，我一邊參加朋友店裡的婚紗秀，一邊還忙著撥電話。

全場賓客看到的是誰？是「曹啟泰！」

我想到的是什麼？是「我要活下去！」

我在意的是什麼？是「我一家人剛移居到新加坡，而我竟然不在那裡！」

我一樣上台去獻花，一樣在台上說話，一樣嘻嘻哈哈；在另一頭，大葉高島屋裡頭的上百位工作人員正等著我回去主持當天的晚會。

婚紗秀結束之後，我自己開車直奔大葉高島屋，跟電台連線做現場直播，上台主持，管前後場、運籌帷幄……等全部弄完，已經是凌晨一點了，不忘謝謝藍心湄、黎明柔來幫忙，卸完妝，我還陪陳昇、伍佰吃宵夜，然後再趕回公司整理行李，天一亮就趕去機場，後腳跟著去新加坡。

回到新加坡，屋子裡只有一張房東留下來的餐桌，因為我們的傢俱還在海上還沒運到，什麼也沒有，在那一刻，我真的深刻體認到什麼叫做「千金散去」，可是這麼些年來，唯一不能垮不能倒的就是我，這一點，我始終維持得很好。我已經不必再說前一天發生了什麼事情，我開始捲起袖子做整理房子、修電燈、修水管、釘床頭板……做所有

一個爸爸該做的事情。

一九九五年十二月二十三日，這是一個重要的節骨眼，這個**Point**是我從順勢發展到必須面對「我失敗了！」這句話，那一天對我而言，是一個非常清楚的痕跡。

對我來說，在軋錢的過程當中，最嚴格的考驗應該是：「我這個行屍走肉每天還在電視上娛樂你！」我想，那是裡面最難的部分。

當我在最困難的時候，你知道我在總統、或企業鉅子面前表演時，心裡在想什麼：「我能不能跟他開口借錢？」

我擔任過很多大型晚會的主持人，台下全都是有錢人，當然，我也知道一件事：台下可能有幾個高官貴人也有著跟我一樣的煩惱。

◎盯著一個字看很久，會越看越不認識，看人也一樣。

總統套房裡的尾牙

我在台北凱悅飯店辦了一場尾牙，在豪華的總統套房裡席開一大桌，席上二十位來賓是我那一年來的債主，我把他們找來只是要說：請不要急著要我還錢……

從一九九三年七月我過三十歲生日那天，到一九九五年十二月二十三日我做完活動，二十四日早上飛往新加坡，這當中將近三年的時間，是整個事情的「盲目期」：動機非常完整，過程非常流暢，拓展非常迅速，靈感層出不窮，衝勁十足，同一個時間，我節目不停地接、不停地開闢新的、不停地有發展，節目非常好，「天生贏家」就是這個時期的代表作，什麼都很好。

那天之後，就進入了「因為了解而掙扎」的時期。

◎在最慘時住進五星級飯店

在我需要借助外力撐住我整個人的時候，我跑去遠東飯店（一九九六年），編出過一大套合理的理由（因為一個人住在台北）給外人，其實，真正的原因是我快垮了！我撐不住了！

因為當時外面還有一些流動的債務，我必須避免一些閒雜人的干擾，我也需要有更舒服的物質條件，來緩衝自己快崩潰的情緒，那是集中所有火力在做奮力一搏的當口，我怎麼能夠在預備開兩個大店、新計畫在開展之際，讓人看見那個老闆睡在公司？我需要車，我需要讓自己休息，我需要讓自己有一個像人睡覺的地方。

我不是在說，很多人睡的地方比我當時好，我只不過是睡在公司裡，可是請注意：「如果你白天不需要演**somebody**，你不必太在意你晚上是不是**nobody**。」

當我白天必須要演**somebody**的時候，我晚上怎麼可以睡在公司裡？而且，還在廁所裡的馬桶邊用洗臉盆接水洗澡？（我已經多少年沒做過這種事了？）你怎麼想得到……那個手上有十個節目的電視主持人，每天晚上都睡在他辦公室的沙發椅上？

當時，只有最貼身的兩三個員工知道我睡在裡面，他們通常都會比較早趕到公司來把我叫醒，然後我就離開，等所有員工都來了我再進來，看起來像是從外面剛回來。

所以，我必須去住遠東飯店。

但真正住進去的時候怎麼辦？我其實已經沒有錢了！你知道怎麼樣才能得到飯店的折扣？絕對不是你告訴他我沒錢了就會有折扣，你一定要告訴他「我很有錢」對方自然就會替你打折。

◎小腳趾的用處是什麼？你的用處呢？

人，永遠就是這個樣子。

所以，我可以用那樣的方式談到很好的房間待遇，用五千元住一萬兩千元的房間，讓自己徹頭徹尾改變生活。

◎以總統套房款待我的債主

一九九六年一月（除夕前幾天），我在台北凱悅飯店辦了一場尾牙，在豪華的總統套房裡，席開一大桌，桌上約莫有二十人，他們互相不認識，我把他們請來吃一頓飯，順便告訴他們：

「你們現在可以互相看看對方，各位就是這一年來借錢給我的人，我介紹大家互相認識。」

然後，大家就開心地一起吃飯、喝酒、打打小牌……，實在很難想像，那場尾牙的主人是欠所有客人錢的人？

「今天桌上的座位表，沒有按照資金多寡排列，也沒有按姓名筆畫列序，所以，大家也不要想你今天能不能坐上首桌？我今天如果把所有借錢給我的人統統請來，你們應該是坐首桌的那一桌。」

接下來，就看到一個天底下最有趣的一個畫面，每一個人似乎都在惦著對面那一個人，想著：「他到底借了曹啟泰多少錢？」

「如果你們不要急著要我還，你們的錢，就不會只是在彼此間互相流通，也會讓我早點輕鬆，因為如果有人說兩個月，那我就得從另一個人身上拿出來還給他，我就整天忙著在你們當中搬來搬去，怎麼會有空去做該做的事？這一頓飯，除了感謝各位過去年來的照顧，也請大家把期限拉長一點，不要讓我疲於奔命，這樣，你們就可以幫助一位有為的年輕人早點完成夢想。」

我好像是那一桌裡年紀最輕的人，這個餐會已經好久沒有舉行了。只有那一次。如果你現在也在困境，你也要去當這樣的人，你的困境就可迎刃而解。

我敬佩一種人，「絕對值」大的人。

看看那些因為周轉不靈而鋃鐺入獄的企業鉅子，他們欠下的債是天文數字，你窮其一生都賺不到也還不了，此刻你跟他比誰有錢？你口袋裡有五千，他欠了五十億，你在路上，他在牢裡，你覺得你比他有錢？對不起，他出獄的那一天，他還是比你窮，但到了第三天，你就看到他又在做另一件五十億的事情，他是那麼容易在你之後，更輕而易舉在你之前。

為什麼？因為他的「絕對值」比你大。

◎牙刷是最委屈的，它永遠在你最臭的時候碰見你。

因為放棄而振作

我做了一個決定，我搬進旅館，同時將整個事業規模再做擴張。有人形容這叫困獸之鬥、背水一戰、破釜沈舟。我說，只是因為要「放棄」而「振作」。

要放棄一個完美的**All in One**婚姻大業，要放棄得有多漂亮？

◎極度擴張

從軋完那筆一千四百萬支票那天之後，我陷入整個事業的死纏爛打狀況。第一樣死纏是做「現狀的維持」，不斷大量的做調度、借貸、搏鬥，這時公司約有兩個樓面，三十五個員工。

一年後，我決定做最後一波的拚鬥，我當時知道死定了——除非再放手一搏。於是，我搬進遠東飯店，國際級的飯店是多嚴格的地方，你如果沒有錢，它們怎麼可能讓你住進去？你還有辦法住在裡面，表示你還沒有山窮水盡、走投無路。

既然我已經以優惠的條件住進去了，怎麼樣在最短的時間讓最多人知道？剛好，媒體記者突然來做採訪，接下來，大家就在報上看到我住在五星級飯店的事（一九九六年九

月），於是，身旁所有原本預備要借我錢，或不預備借我錢，或不知道我狀況的人，這下子都很確定我其實還很穩。

在搬進飯店同時，我將整個事業規模再行擴大：我把文化事業部整個擴張，辦公室從原本一百坪的空間擴充到一百四十坪，同時開了一間一百四十坪大的珠寶店，地下室也開了**Pub**，接著再開一間婚紗店，員工人數這時也增加到七十人，我手上有十個節目、兩個廣播，那是那一段時間裡的最後一拚。

有人形容這叫做困獸之鬥、背水一戰、破斧沉舟，我說，只是因為要放棄而振作（俗話說，沒事獻殷勤，非奸即盜；沒事搞振作，只為棄權。）

但這所有的擴張動作，終究不敵老天爺，不敵大環境，更不敵我自己已經無以為繼，一九九六年三月台海危機，中共試射兩顆飛彈，事情全部急轉直下。

飛彈一來誰買珠寶？（買黃金的人倒是有）飛彈一來，陳水扁當選台北市長，雷厲風行地開始抓地下營業，那段期間，我熱烈感謝各公家機構，突然之間，好多人要跟我交朋友：消防隊、建管處……，只是因為我開店做了一個生意？而且，還是每個月來定期跟你做朋友，真是有趣（那些人現在不知調職、離職了沒？）。

這都是很真實現實的狀態，證實了我「因為放棄而振作」的最後一波振作，是可以離開的，我雖盡了人事，但是當時的天命就是我必須要買單了。

◎結束

一九九七年十月，我接了一個節目「愛的紅不讓」，因為這個節目，我開始出國，我開始有機會到世界各國去走，同時處理我所有的財務問題。當我窮到房子被查封的時候，我還在出外景當主持人，當電話那頭傳來這個消息時，我和夏玲玲正在馬來西亞的一艘遊艇上摟著看夕陽……。

在那段期間，我迅速發胖，尋求大量的平衡，那也可以說是有某種程度的放縱，進演藝圈那麼多年以來，我第一次留鬍子，很難想像對不對？俗話說「相由心生」，一個人的心境其實總有蛛絲馬跡、總有脈絡可循。

一九九八年，負債一億的消息在媒體見光後，我還得要繼續當明星，這時，旁邊有好幾種眼光：

有人覺得：「你完了！」

有的覺得：「本來找你工作是在求你，現在是在施捨你……」

我要如何在被施捨的同時又保持一定的驕傲？如何在台後被協助的時候又維持台前的領導？如何讓當初跟人驕傲地說：「我在曹啟泰公司上班！」的員工，回家還要安慰家人：「放心，我會領得到薪水的。」

我的公司還沒垮，被報紙這麼一寫，我就要加倍面對這樣的事，一邊繼續我的演藝事

業，一邊繼續傳遞快樂，而這麼些年來的佯裝或武裝，主要是因為：**I want to be a nice guy**（做一個友善無傷的人）。

當我著手要結束這一切的時候，台灣的傳媒開始改變、增加，製作單位付不起高額的主持費，就轉而找新人，我的節目量銳減，然後，我的事業走入最低潮，所有的一切全部面臨必須怎麼收尾的情況，同時，我太太的健康狀況亮起大紅燈，她髖關節的疼痛與日俱增，類固醇的副作用全部顯現，工作、家庭、妻小……全部都處在最困難的時候，而裡頭壓力最大的一點就是「不能喊痛」。

一件事情「怎麼結束」才是它最重要的事情，可以活得好、過得漂亮的人，都是因為知道怎麼結束，我們在說一個人是「情場聖手」，並不是指那些很容易得到戀愛的人，而是指很懂得結束戀情的人，電腦高手絕不是指一個很會買電腦的人，而是很懂得修電腦的人。

所以問題的解決者，優先於開創者，因為開創者是創造問題者，所以，問題解決者更重要，請當一個好的問題解決者。

◎虛榮，是一種安慰；安慰，是一種躲避；躲避，是一種舒展；舒展，是一種虛榮。

果嶺上的等待

高爾夫球是我很親密的夥伴。當我手頭節目最多的時候，也是我情況最糟的時刻，當時高爾夫球場上的我並不真自在，因為有求於人，總在看，能不能借到錢？

經過一段時間的放縱外貌、出國療養，我迅速地做財務重整，至一九九八年年底，我已把所有的洞穩住了。

一九九九年，我陸續接了一些雜七雜八的節目，同時，我開始打起高爾夫球，那是我在年輕歲月時一直沒做的事。之前，我一直坐在辦公桌前，結果自己捅出一個大洞，現在，我開始走出辦公室找個小洞，去做我真的該做的事情。

◎兩套球具

在會打高爾夫球之前，我有過兩套球具。

第一套球具，只去練習場打了一場球，就一直擺在一旁，最後都生鏽了，連球袋都發霉了。那套球具的意義只在給自己貼一個標籤：

「你是大人，你會打高爾夫！」

意義只在那兒，可是誰也不知道，只有我自己曉得。那就是一個十足的笨蛋行為，買了一套「全新」的球具，花錢在享受那個感覺。

第二套球具是在極度困難的狀況下買的。

一九九五～一九九六年，我開始把局面搞得很大的時候，也是我情況最艱苦的時候，辛苦得不得了，天天都在軋錢。因為身邊很多人都在打球，所以我覺得：「不行，我一定要跟得上！」

回頭一看，家裡那套球具已經生鏽、爛掉了，拿出來會被人家笑！而且，買的時候也被騙了（真的，都當冤大頭！）那其實是不入流的東西，可是當時我一個牌子也不認得，也不知道高爾夫球應該是什麼樣子，就買了一個套裝的，因為東西都不對，所以現在拿出來也很笨，連球袋都退流行了。

一個藝人怎麼能那樣？那時候我面子吹到十足，我出去都要裝腔作勢，因為有很多製作圈的人在那裡、因為我骨子裡已經快垮了、所以我要常去練習場，也許……能碰到什麼機會。於是，我開了一張支票買了一套八萬元的球具，說貴不貴，說便宜也不便宜。

◎為什麼會說話？為什麼自己那麼會說話？為什麼自己總必須在那麼多時刻那麼懂得會說話？以至於，錯過那麼多無聲的美好。

我每天都已經軋票軋到快瘋了，竟然還花了八萬元買了一套球具！可是，跟人家談事情要靠這套工具，所以，我不斷告訴自己：

「我沒捧！我還要再戰！我需要一把槍！」

後來，我認為我看到一個機會，而那個機會的開始是一場球，可是，我又沒打過球，前一次打是在這八年之前，那根本是笑話一場，怎麼辦？於是，我匆匆忙忙請個教練教一下，在練習場打了六次左右，參加了一、兩個公關球局。

這所有的準備都是為了當時的那個可能，結果，球具買了，球也練了，那場球也去打了，卻沒有產生任何變化，沒有任何我預期中的結果。那套八萬的球具又回去睡了。

◎遲來的高爾夫球

一直到一九九九年，當我從債務的困境出來之後，突然從一個製作人手中得到一套球具，那時候突然出現了一票人，這才發現，以前我死命想打進去的環境跟圈子，怎麼現在好容易就進去了？

以前看人家悠遊自得，偏偏自己就是進不去，老覺得沒辦法扮演恰當的角色，進也不是，退也不是，大也不是，小也不是，名稱也不對，職銜也不對，身份也不對，扭扭捏捏，渾身不對勁，到底……我應該把自己放在哪裡？

人家說：為五斗米折腰，通常是看到米才折腰，會為五斗米折腰的人，腰永遠是彎

的，不管米出現了沒有？後來你才會發現，真的是這樣。你今天看看自己的腰，問一聲：「我有沒有？」

我當時是。儘管我手上有十個節目，看起來趾高氣揚，其實我心裡的腰，彎得比誰都低，在我最盛的時候，其實就是我最虛的時候，不管我表面上多好，內心是虛的，而且，那個心是有所求的、是不肯定的、是對自己沒把握的，所以我進不去那個圈子。即使我買了一套新球具，我也進不去。

後來，當事情過了，雨過天青、風平浪靜的時候，我已經無所求了，怎麼突然人家就說：歡迎參加球隊？怎麼突然我就進了那個環境？那裡面每一個都是我原來想認得的人，但是那一刻，我突然對他們都沒有感覺了。

我只覺得無所謂，人家找我打球，我就說好，大夥兒要去哪裡打球我就跟著去。

◎五階段療傷過程

在這兩年裡，我總共打了三百場球，也就是打了三百天，兩年裡有整整一年的時間都在打球，這裡頭有很多微妙的變化在發生。

第一個階段：充耳不聞，我只是自己在跟自己說話。

「終於，我可以站在這裡打球！如果，七年前、八年前我不要做生意，不要那麼拚，

◎滿足，來自有於空思想，驕傲，來自於思考後的無憾。

不要做十個節目，不要開兩個廣播節目，不要開五個公司，不要養七十個員工，以我年少的五子登科，我早就可以拿著球桿站在這裡享受這個感覺。這個事情遲來了好多年。」

場上的其他人，有的是在賭錢，有的是在搞公關，有的是在交際應酬、爾虞我詐……，我不是，我的心態跟他們都不一樣。每一個人都對我說：

「欸，你怎麼輸錢也在笑？」

「欸，你怎麼打球脾氣是這樣？」

「你怎麼搞的？怎麼打都不會進步？你怎麼不努力一點？」

「欸，你怎麼不改改你的動作？」

我要所有人都不要管我。打不好又怎麼樣呢？我敢跟大家一起打啊！大家要賭，我湊興，也可以跟著賭（因為我們賭很小），輸了也是一笑置之，無所謂，旁邊的人都不解：

「你怎麼會這樣呢？」

「因為你不知道我在幹嘛！」

沒有人知道我在心裡跟自己說話的內容是什麼？那個療傷的過程其實是很甜蜜的。

第二個階段：有見有聞，但是進退有據，開始變得從容。

我發覺跟旁邊所有人的互動，開始無大無小，無前無後，無遠無近，無男無女的時候，那個自在跟從容出現了！以前還會想：「明天我要見的是你們，那，我應該穿成什麼樣子？」

突然之間，我覺得我穿什麼都沒關係。

前面五分之一大概是那樣的感覺。我當時拿的是人家送的球具，那是一套很好的球具，光是鐵桿的部分就要十幾萬，我把我前一套球具送給《愛的紅不讓》製作人，我鼓勵他也學打球，雖然我自己也是初學者，不過還比他強一些，因為我已經下過場。

可是我怎麼打都是一百二十桿，天天在下場的人，沒有像我成績這麼爛的，不求進步、也不覺得羞恥，還很**enjoy**那個球到處亂飛的德性。

那感覺真好！突然找到自己的位置、角色、份量、濃淡，以前，我手上有十個節目，人家看我，怎麼看都是一個藝人，自己也覺得自己是個藝人，怎麼到了這個階段，手上沒節目了，人家反而沒有小看我只是個藝人，人家反而覺得我是個**somebody**，我是個可以交朋友的人，我是個有份量的人，我是個說話有內容的人，沒有人認為我只是個藝人，甚至有人開始來問我：「去哪裡可以找到錢？」「該怎麼處理問題？」

非常好玩。

以前，在我是個藝人的時候，我會覺得：「哇，他們是大老闆！」在打球的第一個

◎有知的活，是最大的富足。（二〇〇〇年十月一日時報五十周年余先生的一滴眼淚）

階段，我只在跟自己說話，沒有看到他們；第二個階段，我已經不在意我有沒有看到他們？我全看到了，但是我沒有覺得他們是誰？

到第三個階段：開始認真地在體會打球這件事。

約莫過了一年，我又開始進入另一個狀況，那套桿子已經用到很順手、狀況很好，因為對自己處理好，對周遭處理好，就會還原到正在做的事情上頭。我開始變得認真地在打球，開始在處理這件事，那個階段的感覺是：

「我要把前面的球全部打回來！」

其實，我已經在球場上一年了，但是講到真正在打球，從這時才開始，前面雖有打球的行為，但卻帶著別的意義，到這個階段才還原到：我就是要打球！而且我要打前面的份！我要把我年輕時候那幾年的球打回來！

我的球技雖然不好，球格倒一直很不錯。

「球格」是什麼？指的是：你的態度、你的談吐、你處理球的方式、你的愉快度、你的爽快度、你的耳聰目明。

有些人打球什麼也聽不見，有些人打球跟旁邊的人斤斤計較，有些人一天到晚找桿弟麻煩，有些人每一顆球都要撿回來……都是一堆劣根性的出現。

◎能有能力睡滿十二小時是一種多大的榮幸？

我開始在球場上看見自己的球格，不管是打一百二十桿、或是打八十桿，我都可以跟你打在一組，因為我整個狀態都跟你相同，除了成績不一樣，我連速度都跟你一樣，打出界外的球，我馬上不考慮，連撿都不用撿，你們也不用去找了，我就直接打第二顆，我速度不會慢，所以我不會拖累大家，如果你拿一台**V8**拍整個過程，你會覺得我跟他一樣，是打八十桿的人，我呈現出來的風範、氣度、姿勢，都是八十桿的姿態，所以這是我的球格，我講話像個八十桿的人，雖然我的成績是一百二十桿，我用的球具是八十桿的球具，我整個狀況是這樣。

等這一切都弄好，我把我前面幾年的球都打回來了，我覺得我都準備好了，這時候高爾夫球開始變成……一個我隨時可以拿出來的工具，它已經變成我的工具，我終於做到我要的，而且我終於趕上進度了！有些人五十歲趕上這個進度，有些人三十歲，有些人二十歲就可以了，有些人除了有這個進度之外，別的都不會，有些人可以做很好的生意人，同時又打很好的球，這樣的事情我早晚要學，現在，我做到了。

到第四個階段：我開始有點急了。

我開始急了、開始緊張了，我覺得我快要沒球打了！這樣的好日子不多了！我覺得

我已經把前面的「量」打回來，連後面的「量」也要打完了，我可能沒時間打球了，因為我已經會這件事了。

不只是會打球、會處理，我有球技、球品，連球格都訓練好了，連球的份量都快打完的時候，打每一場球的心態就會不一樣，就開始游刃有餘。好比，你今天去做一件不內行的事情，你就要顧這個、顧那個，如果是很內行的事，就會游刃有餘，你開始有空去搞別的事情。

當我到了第四階段的時候，高爾夫球這件事已經沒事做了，我始終喜歡這件事，但是它沒事做了，我突然發現，我什麼都有，只剩一樣東西沒有，就是我的桿數，我還是打一百多桿。

於是，我突然把我那十幾萬的球具給丟了，該賣的賣、該送的送，全部處理掉，然後換上一套八千元的二手球具，突然改變了兩年多來的打法，進了練習場連續打了一個星期的半夜，每天晚上一個人去打，我開始用力打球，我之前打球是沒專心、不用力的，當我開始要用力時，就不是蠻幹了，我是很用心地在用力，自從我換上那套八千元的球具，我的桿數開始進步到九十桿左右，因為這是嚴格的算法，所以相當一般的八十五、六桿，這很完美。

現在已經進入第五個階段：我沒空打球了！

最近我只打了兩場球，而且發現沒有辦法退步，它已經內化到我的身體了，一切的感覺都在掌握之中，那個感覺真好，於是我跟那個運動說一聲：

「我沒有空再找你了！我要忙了！」

很完整的過程、很清楚的心理狀態、很真實的感受，此刻談起高爾夫，每一球、每一揮桿、站在果嶺上的心態、站在發球台上的心態都歷歷在目。現在我的球具又繼續躺在一旁休息，有需要的時候我才會把它叫醒，而且，我知道不管什麼時候叫它起來，它都會跟我一樣親近，它就像長在我肉裡，它就像我的主持功力，它已經變成我的一部分，我到哪裡都不怕。

現在，我跟高爾夫沒有熱戀也不疏遠，它已經從我的愛人升格為我的家人，你跟家人是不必天天見面的，但是絕對不會因為這樣而疏遠，如果你有辦法有很多家人，你就比誰都強悍，我很高興高爾夫球成為我的家人，主持是我的家人，我的家人越來越多，我就越來越覺得我準備好了，天命是我的家人、運氣是我的家人、貴人是我的家人，我的家人很多。

我覺得那心境的轉換，是很多人都必須經過的，這兩年下來的三百場高爾夫球，是我一個療傷的過程。

◎不說話的人，是因為他通常也閉上了心。

常聽人說：「見山是山，見山不是山，見山又是山。」這句話，很都人都以為過了就可以領略，我打高爾夫球這五個階段的轉折，沒有辦法傳諸於人，但對我自己而言，卻是非常清晰而深刻，在這過程裡，我同時得到對體力、健康的確認。

美國之行

當所有事業結束之後，不用再軋支票，我竟然不知道自己要做什麼？生活頓時失去重心，同一時間，我手上的節目都剛好結束了，我失業了！

去美國是一九九九年七月的事。

很莫名其妙地，我沒有事做了。我軋了很多年的支票，一直到一九九九年的上半年，整個軋錢的狀況才開始塵埃落定、風平浪靜，幾乎連小的周轉都沒有了，都不再發生了，突然……開始不用借錢了。

那很奇怪，好像生活裡突然沒有了呼吸，失去了節奏。

◎生平第一次失業

因為我不是朝九晚五的上班族，沒有「打卡」這一類的必須緊張。今天如果要錄影我就去呀，可是……錄影對我來說也沒有緊張的因子，那，我的生活裡到底有什麼事情是可以緊張的呢？在之前那五年裡，讓我非常「振作」的一件事就是：我要軋錢！我不

◎一瞬與永恆，根本是一個字。一瞬總決定了永恆，永恆的回憶只有某一瞬間。

能讓信用垮掉！我不能讓家人蒙羞……。

在那五年裡，每天起床想的第一件事就是：「有沒有錢還沒有軋好？」我每天起床的第一個念頭都是這一件事，睡覺前最後一個畫面也是這件事。

錢軋完之後，我就會開始想：「我的生意做得怎麼樣？我還要忙那些事？」生意全部結束後，就只剩下軋錢，可是從來沒有哪一天早上起來沒早課的。

那一年春天，三、四月一過，節目就很淡，沒有什麼新節目要開，原來的節目也都錄的差不多了，我也不知道我下一步要做什麼？沒有了，我沒有事業，也不能再弄任何事業，我只剩節目，可是節目突然在五、六月份的時候被通知：「都錄完了！」下一季什麼時候要做：「不知道！」

嚴格說來，那是我第一次失業。突然之間，我起床之後，什麼事都沒有，真要命，那時候我才三十六歲，我怎麼可以起床後沒事做？我怎麼可以不知道下一步要做什麼？那我有沒有必要起床？

突然失業了！我竟然會因為沒有事做而覺得一定要找一件事做。

◎我怎麼可以沒有事做？

我從小就很迎合命運的步伐，是命運帶我進電視圈、命運給我演出的機會，所有的事情都是人家來找我，我從來沒有主動要去做什麼事情。以前我跟朋友互動的方式，都

是別人找我一起出去玩，然後我決定「能去」或「不能去」，我的家庭、我的工作允不允許我去？我只是跟著命運的步伐在走。

突然有一天，命運不叫我了，前面沒有事情叫我，命運還在那裡，只是它不再招手、也沒課表了，幾十年來，我都是按著課表過日子，只是我的課表天天在換，但第一堂一定是軋錢。突然沒有課表了，又沒有立即的經濟壓力，那我要幹嘛？

我想起小時候做過一個夢：我拿著兩本書，走在一個國外的校園裡……。我去過美國好幾趟、我去過幾十個國家，卻從來沒有一個是因為「我要去」，我不是說我不願意去，而是說，從一片空白出發，然後決定「我要去這些地方。」

我從來沒有一個人「到處走走」的經驗，年輕的時候忙著打工，沒什麼到處走走的機會，做什麼事都是呼朋引伴，而且都是被人家呼的那一個，我從來沒有主動找過別人，我總在漫無目的的迎合眾人。

在一片空白中，我突然決定要一個人去美國走走。

當我打電話回家跟夏玲玲說：「我想一個人出去走走。」她只回了一句：「好啊，你趕快去吧！」我愣了一下。

以我跟我家人的親密程度而言，我怎麼可以突破標準模式？

我們全家人的帳目，生活的方法、細節，人際關係全繫在我一個人身上，我從來沒

◎接受他讚美的時候，要檢查說話的他有什麼優點？讚美你的人如果沒什麼優點，你也就不必高興了。

有離開他們，他們去新加坡六年，我們每天都通電話，包括我到國外錄節目，如果我太太願意去，她就跟我一塊兒去，如果孩子們願意去，他們就跟我一塊兒去，有時候我跟夏玲玲說：「今天晚上有個飯局。」都還要費點唇舌，所以，我一直以為像這樣一件事可能要談上兩個星期，但沒想到，我旁邊所有的人竟然都贊成、支持、鼓勵：「你快走吧！」

甚至我的助理經紀人小璽都說：「去！」她是眼睜睜看著我走過這些年頭的重要人物，在此刻我兩手空空的當兒，她通常會提醒我該幹這個，該幹那個的，但結果也是：「曹先生，你快去！」

怎麼……突然之間大家都同意了？都答應了？都覺得理所當然？我真的覺得好奇怪！在他們眼中，我可能早就扭曲到不能扭曲、變形到不能變形，那軋錢的五年，有沒有在我身上留下痕跡？一定有。越靠近我身旁的人就一定越能感受的到。

實在不放心大家怎麼會那麼放心？我還請小璽算一下：錢夠不夠用？家用夠不夠？夠，大家都夠。我的信用卡也都還是活的，那沒關係，我也不用帶什麼錢。

◎沒有Schedule的美國行

因為我的美簽過期了，第二天我就送去辦美簽。

之前我只去過馬里蘭：在紐約下飛機，市區繞一圈，到馬里蘭哥哥家看我兒子，把

他的學校安排好，在他們家裡兩個星期，吃頓年夜飯，然後又坐飛機趕回來錄影。那就是我之前唯一的美國印象。

其他所有走遍世界的情況都是在工作，旁邊永遠有一大群人，永遠有人預先安排好了所有的一切，全部坐商務艙、住最好的飯店，我自己出國也一樣，在我還沒有進入經濟困難期的時候，我去紐約都是人還沒出發，華爾道夫旅館（**Waldorf-Astoria**）已經訂好了，而且是大套房，一個晚上大概要六百多美金，我一住就是住一個星期，帶著太太、小孩，我以前是那樣出國的。

只有這一次，機票沒訂、旅館沒訂、沒有節目、沒有時間表、沒有隨行助理、沒有經紀人。什麼都沒安排。

什麼時候該回來？反正失業，沒有工作回來幹嘛？於是也沒有底線，本來還很自作多情地問家裡一聲：「那我該多久以內回來？」結果旁邊每個人都說：「沒問題，你走吧！」然後我還很不確定地告訴每個人：「我真的不打電話回來了！我也不帶電話，你們沒有人可以找得到我，你們再想一想，還有沒有什麼事要我交代清楚？」

以前的我真的不是這個樣子。

◎說笑話的人最怕哭不出來。

臨行之前，我去電視台找一個朋友，剛好碰到葛小姐，就跟她說我要出國，一旁的記者聽了，還問我是不是要去充電？我說不是，只是隨意到處走走（其實大家也不知道我漏了什麼電？我過了五年什麼樣的日子？沒有人知道。），後來葛小姐說：「這張出國機票，我送你！」（我還是沒有機會坐經濟艙！在我重要的人生轉折裡，葛小姐總有很突出的表現，請相信緣份。）

忽然，就多了一筆旅費出來。其實，一張機票不過八、九萬元，在狀況最寬裕的時候，有時候我們逛街一不小心就可以花掉三、五十萬，可是到了那一刻，很多東西在我心裡的價值已經不再是多少數字，而是它代表什麼意義：有沒有必要？是不是應該？值不值得？

成家之後、出名之後，我已經很久沒有幹過「拎包包」這件事。那是我這幾十年裡，唯一一次拎包包。（在《少年真好》一書，曾提過我小時候常拎著小包包到別人家借住一事。）

在領到美簽的那天晚上，我就到了機場，臨上飛機前，還打了一通電話回去：

「我要走了，我不打電話回來了……」

「不要打，不要打，出去就不要再打了！」

身為一個男人的我總在想：我能不能去一個沒有人認得的地方？這樣，我愛談戀愛就談戀愛，愛把馬子就把馬子，我以前好喜歡追女朋友，那，我可不可以去幹一些見不得人的勾當？

因為你永遠不能做，所以「想」就是一件很愉快的事，你一直在等，總有一天，這個機會會來。

機會終於來了！我也真的拎起包包上了飛機，手上拿的是一張「台北－紐約」來回機票，因為我從來沒有去過洛杉磯，就選擇先到那裡，美國西岸的入口港。坐在飛機裡，我還在想一堆事情：

「我終於出門了！」

「我這幾年好辛苦！」

「我是要慰勞自己呢？還是幹嘛？」

「這個假期會有多長？」

「回來有沒有工作？過了這段時間家裡怎麼辦？」

「我要怎樣值回票價？我怎麼樣能不白跑？」（又來了！）

「我帶了**DV**，是不是拍了路上所有的東西，回來可以變成一個節目？」

「是不是畫了素描，回來可以發一本書？」

◎青菜水果難看的最好，跟人一樣；青菜水果可以醜、不能爛，也跟人一樣。

後來我決定：沒關係，這些事情我都做，總要記下一點什麼。

◎第一個夜晚

從LA機場走出來，已是晚上八點多，我拎著行李站在機場的大門口，裡頭只有簡單的衣服、一大盒空白DV磁帶、筆記本、護照、一個皮夾，沒了。我沒有安排任何朋友，沒有找任何關係，什麼都沒安排，就一個人站在晚間的LA機場。

第一件事就是要找地方落腳。我在機場進進出出，去問櫃台、去問服務台、去旁邊拿他們的便利電話，上面有按鈕可以直接通機場旁邊的所有機場旅館：

「怎麼樣是最經濟的？」

「怎麼樣是合於我的規格又經濟的？」

「不要再被人家當冤大頭！」

「最好不要碰到台灣人，否則又要開始演角色！」

我這趟出門一路都在躲台灣觀光客，可是幾乎哪裡都是台灣觀光客！所以，人家排隊出關的時候，我不出關；等人家都走光了，我才出關，這樣，就不容易碰到人。

我一個人在LA機場待了大概一個半鐘頭，左晃右晃，左晃右晃。我把一件別人託我帶去的行李託放在機場，那個人還在台灣，我要先在那邊把東西存了，之後再讓那個人去領。

我從來沒去過那個地方，但反正沒有人認得，也沒有人會幫我辦，所以我就張開嘴巴到處去問、到處去打聽，然後跟對方殺價殺半天，好用力地在經營那件事，拿到那張收據後，我就在想：「也不知道哪一天要回家，所以這張收據要收好，而且自己要記得，不要忘記了，現在沒有助理幫你記事情。」

我花了一個多鐘頭才找到機場附近的一家旅館，因為已經晚間九點了，不太會有新客人了，最後，我是以六十九美金住進那家飯店，心裡挺得意的，這跟在台灣直接訂好六百元的華爾道夫是兩種不同的成就，都很愉快。

我進去**check in**好，把包包攤開，覺得自己累得半死，躺在床上眼睛卻闔不起來，其實是有時差的，那應該是台灣的中午十二點左右，剛好是我平常剛起床的時候。

突然，就陷入一片慌亂；突然，就覺得想哭：我為什麼要在這種狀況下來？我為什麼那麼需要轉換、那麼需要休息、那麼需要調整？我沒有做錯什麼，一路走來的每一年、每一天，我是那麼地努力、盡責，為什麼？

後來，我下樓花了十塊美金買了一張電話卡，打電話到新加坡報平安，又打電話到台北問有沒有什麼事找我？結果，所有人都說：「你打電話回來做什麼？」

◎要先成就自己，才能榮耀別人。

好像沒有人預備要安慰我。

這一點我倒不意外，我身旁所有的人，包括：家人、工作人員，都是比較不玩溫情主義的，這些人都很嚴格，也都很冷酷，也都很有原則，也不濫情，這些人對我的標準都很高，所以，當我打求救電話回去，碰到的是：

「你不是說不打嗎？」

「對，我只是報個平安，我到了。」

「我們沒有人擔心你到不了，如果你沒到，就會有別的東西到，會有報紙、會有電視，只要沒有新聞就是好新聞。」

我一聽就把電話掛了。那是我唯一能做的**SOS**，結果，連這條路都沒有了。

平常家裡的經濟狀況、外面的一切事情都是我在處理，只有我知道自己能不能走？所以當我開口，他們沒意外；當我打電話回來，他們覺得沒必要（這是我從他們的反應得到的體會）。

我決定要去吃東西，我不能在旅館的餐廳吃東西，通常到外地，除了安全、衛生的問題，或是實在懶得走，你才會在飯店吃飯，我沒有啊，接下來沒有事情在等著我，我每天都可以睡到中午**check out**，我是很愛睡覺的人，可是之前那麼多年我都沒有機會睡覺。

機場附近哪裡會有什麼？什麼都沒有。我一個人，簡單地帶點零錢就離開飯店，走

了近四十分鐘，才找到一家便利商店。我那一天晚上就是吃那個。

回到旅館，眼睛盯著電視，心裡還一直在問自己：「我來幹嘛？」我那一整夜都在想這個問題。

◎邂逅加州旅館（**Hotel California**）

第二天一早，行李準備好了之後，我沒有馬上**check out**，我先跳上那個免費接駁專車回機場大廳去問租車公司在哪裡？問到方向之後，我又跳上巴士到了租車公司。

因為我沒有計畫（也不必有計畫），所以就問對方有沒有正在促銷的、最便宜的，直接用人家促銷的價格表決定行程！櫃台問：「你要幾天？」我說隨便幾天都行，最後的結論是：「福特車，租四天三夜是最漂亮的價錢！」那我也就**OK**了。

我沒有在美國開過車，我就憑著先前坐巴士的印象，把車開出租車公司，一路開回旅館，停好車，回到樓上把行李拎下來**check out**，去哪裡？不知道。

臨上車前，我就問機場大門口開門的那一個人，用朋友的態度跟他聊天：「從這裡出去，我最應該去哪裡？」抽完兩根煙，我也得到結論了——聖塔莫尼卡（**Santa Monica**），他跟我講了一大堆地名，只有這一個是我聽過的，我就去這裡。我拿了車上的地圖請他告訴我怎麼走？他翻了一下，指了一個位置給我。

◎愛，通常是所有情操中，最無聲的一種。

說了聲謝謝，我就上車，把我的行李攤開，把我的DV拿出來，把地圖翻開，把音響調好，就上路了，先找個加油站加油，油加滿了就開始往聖塔莫尼卡開，不但開，我還一路拿DV自己拍自己，拍我開車、聽音樂，然後看地圖，一路往前開。

開到聖塔莫尼卡，已過中午，我開始得找今晚要住哪裡？左找找右找找，看到一個很優雅的旅館，以前住多了大飯店，現在我要住那種小飯館，於是，我去海灘上問這個人問那個人：你住哪裡？你那一家多少錢？每個人都告訴我答案：120、130、150、180、210……各式各樣，我都在參考、都在比價。

我覺得好棒，沒人認得我，然後我跟每一個人都可以開口，每一個人還是很願意跟我說話，在那一刻，我突然發現：除了曹啟泰這個名字之外，我其實還擁有很多東西！

我還記得走過海灘旁的小路時，好像有人認出我來，我的反應是「完全沒反應」就走掉了，我就是一條短褲、一件T恤、手上拿著一個罐頭，一個人就走過去了，他們絕對想不到，這樣一個曹啟泰會出現在聖塔莫尼卡，不是慶典、沒有任何活動、也沒有呼朋引伴！

後來，我那天晚上住的地方叫做「**Hotel California**」。加州旅館。

為什麼會住那個地方？因為我開車經過，看到一個牌子，上面寫了一個「**Hotel**

California」。聽搖滾的人都說**Egales**的那首經典作品《加州旅館》，是一個「魔咒」，所有聽搖滾的人都要聽這首歌，我這輩子沒有迷過音樂，那是我少數會背會唱會記得的英文歌曲，我要圓夢，當然就要住加州旅館了！

那是一個離海灘還有段距離的一個小旅館，前面有個停車場，裡頭有幾個房間，老闆一個人坐在櫃台，前面放了一籃蘋果，談好價錢後，把車停好，我就住進去了。

房門打開後，我很喜歡，小小的，東西放下後，我就去逛街、吃東西，站在路旁看人家表演，亂逛一通，做任何我想做的事情。

突然整天二十四小時都是我要幹嘛就幹嘛，而且沒有目的、沒有結果、沒有預期計畫、沒有期望的成果，可以說話也可以不說話，可以高興也可以不高興，居然可以這麼自在！我可以整天不講話，我也可以整天都在講話，跟任何我想說話的人說話。

到了第二天晚上，我仍然有時差的問題。

隔天，清晨三點就起來了，我一個人到聖塔莫尼卡的海邊走走，心想：我看過那麼多的海，我看過巴西的海、南非的海、美國東岸的海，現在我看的是美國西岸的海……想很多很多，想一切的事情，我突然那麼有空，我過去十幾年來都沒有像這樣的機會，

◎試著把錢全部花光，否則你不知道錢的重要。

然後我很確定，我來美國兩天了，我什麼想做的壞事都沒做，我沒空做也沒興趣做，也沒有讓自己有機會跟任何人發生豔遇、邂逅，我只是……很無聊地、很無目的地在過日子、數秒數，突然覺得：「哇，這個事情怎麼這麼新鮮？」幾十年來，我都沒機會這樣。

四點鐘我就沒有事做了。

接下來，我要做什麼？我餓了，所以開始找早點，我在聖塔莫尼卡開車繞來繞去，所有的路我都摸熟了，都沒有看到賣東西的，一直繞到五點五十分左右，最後，我吃的是麥當勞開門後的第一份早餐，坐在我旁邊的，全是流浪漢，他們都是躺在外面地上過了一夜的，我就坐在他們當中，吃了一份早餐、喝了一杯熱咖啡。

如果有任何記者在那時候看到我，他們一定不會相信，我怎麼會在那個時候坐在那個地方？在幹那樣的一件事？

◎如夢初醒

之後，我又回到了LA。

可能因為時差恢復了，我開始冷靜下來，眼睛開始睜開、耳朵開始打開，然後再考驗自己到底有沒有受傷？在這麼些年裡，到底受了什麼傷？是變得冷漠了？不熱情了？反應慢了？還是變得邪惡了？心眼多了？還是……

突然，我可以還原到沒有成見的世界，開始有機會好好看自己：

「你剩什麼？」

「你在別人眼中是什麼？」

「你還會什麼？」

「你會的這些，真的是因為你會嗎？還只是因為你在台北很方便？還是只是因為你是曹啟泰？」

這裡沒有人知道我是誰，我看起來不有錢、穿得也很普通，我只是一個置身在異國的東方人，人家會喜歡我、願意跟我聊天，就一定是因為他喜歡我。

對很多人來說，這是很稀鬆平常的事，可是對我來說，那是很難得的經驗。這一次的檢查，對我有非凡的意義。

第三天後我就醒了。

我從聖塔莫尼卡開車回**LA**市區，那一天中午，我進行的活動叫做「在洛杉磯的市立圖書館看書」，好好玩喔，我從來不覺得我是一個這樣的人，我怎麼會做這樣的事？我怎麼會哪裡都沒去，第一個就跑到圖書館？我連在台北都不去圖書館！

◎好酒沉甕底，最後的一塊錢比前面的任何一塊錢都大，你信不信？

出來之後，外面有一家好棒的餐廳，好漂亮，我一直在算我該不該吃這頓飯？我一直在想：我是一根熱狗打發掉？還是……。

一看，裡頭都沒人，因為我抽煙，所以就坐戶外露天的位子，結果，我面前的公園裡，有人在拍廣告，在美國，拍片是很專業的，四周都堵起來，因為我這邊是餐廳，他們不能堵起來，所以，感覺上就像一個大舞台，只有我一個觀眾，我坐在那邊，所有人演給我一個人看。

我是幹這一行的，所以看得興高采烈的：看他們怎麼打板，導演怎麼修光、導戲，演員怎麼演……我看著所有的細節，然後拿著**DV**拍他們，我在那裡吃了一個主菜，吃了一個餐，因為是下午兩點多鐘，只有我一個人在吃飯，服務生只服務我一個客人。

什麼樣的旅行社可以排得出這麼精采又有特權的行程？一般人去環球影城多只能看見皮毛，我花了二十塊，坐在**VIP**位置上看全套。所以，我的行程是老天特別安排的。

看完後我開車去找旅館。

能找哪裡呢？要沒有中國人的地方……只有一個地方沒中國人，叫做「小日本」，我就跑到**LA**的小東京去住，那裡都是日本人，他們看不出我是外國人，只有我知道我不是日本人，多好！我就躲到小東京裡面的一個日式旅館裡，在那邊混了兩天。

我白天待在旅館，晚上就一個人在旅館裡的卡拉OK喝酒，然後買了張票去市立劇院聽歌劇。我看的是〈仲夏夜之夢〉。

快開演的時候，我點了根煙，坐在外面喝咖啡，忽然在一旁看到一個大明星，我上前用英文跟他交談：「我看過你，我從東方來，我看過你的戲。」他就很開心地在我的戲票上幫我簽名。

我到現在都不知道他是誰？印象中，他常常在戲裡演德軍，演壞人的一個明星，我很確定他是一個明星，我只是沒有機會告訴他，那是我這輩子第一次、也是唯一一次做這樣的事：遞上一張戲票請人家簽名。

我只是覺得太巧了。好好玩。

結束**LA**的行程之後，所有事情的節奏就開始出現，我把那張「台北—紐約」來回機票拆成：「台北—洛杉磯」「洛杉磯—紐約」。

接下來，依照原訂計畫，開車回到機場，再把車還給租車公司，然後飛向紐約。

◎紐約週

到了紐約，我就住在時代廣場（**Time Square**）門前一間很乾淨、很特別的小旅館（在機場用兩個小時的運氣「碰」來的），那裡大多是猶太人，或少數民族，只有我一個

◎試著把每一塊錢都當最後一塊錢，做愛的道理也一樣，你的表現就會不同。

華人。

本來只想過一個晚上，沒想到運氣真的很好，那個旅館的條件真的很好，它沒有餐廳，就是櫃台後面有個房間提供早餐，所有的客人都擠在那兒並肩吃早點，然後早點很簡單，就是一個**Bagel**、一杯咖啡，在紐約期間，我一直住在那兒，沒離開過。

每天，我都會看到一些歐洲觀光客在時代廣場前排隊買晚間在百老匯上演的舞台劇的票，從早上十一點到下午三點鐘，站四個小時，一張票約三十幾塊美金。他們大老遠從歐洲跑來，竟浪費白天的時間站在那兒買票、在原地互相拍照，我就不這樣。

白天，我在大街小巷裡東逛西逛，我到帝國大廈、跑圖書館、逛博物館、逛中央公園，去過河岸，看了自由女神像，我甚至去看五年前我曾經住過的華爾道夫，所有的一切都用**DV**拍下來了。

到了晚上，我還有戲看，因為我住的旅館就在劇場對面，開場前十分鐘我才到門口都還買得到票，而且你放心，全世界會爆滿的劇場，也有臨時沒到的客人，臨開場時，永遠可以買到最便宜的票。

我有四個晚上都在看戲，最便宜的票是八塊美金，我過著品質好、很豐富、很自由、很實在的生活，當然，這所有的事都在花錢，但我覺得，同樣的內容，我用了最省的方法，雖然我不太會講英文，我還是可以做溝通，我歌劇也看得很開心，我都看得懂，我覺得我每天都有在進步，一定的。

我還去買它們的「樂透」，我在紐約晃了一個星期左右。晃到最後，我跟自己說：嗯，差不多好了。

突然，我想起我藝專時的一個助教周城堡，他出國唸了十幾年的書，我從來沒有來看過他，應該去看看他。可是他在哪兒？不知道。於是我打開我的電話簿，翻到他的那一頁，打了一通電話給他。他住在俄亥俄州的克里夫蘭（**Cleveland**），還告訴我應該怎麼去。（之前，我只知道**Cleveland**是一個很有名的高爾夫球具品牌。）

第二天，我就到新航的櫃台，把「紐約—台北」的機票拆開，拆成「紐約—克里夫蘭」，後段怎麼飛？還沒決定，但原則上，先排成「紐約—克里夫蘭」「克里夫蘭—洛杉磯—台北」。

隔天，我又改變主意了。

又請櫃台人員幫我拆成「紐約—克里夫蘭」「克里夫蘭—舊金山—洛杉磯—台北」。一張機票拆開全轉完了之後，櫃台人員還退錢給我。我還領了八十幾塊美金回來。那天中午我就請自己好好吃了一頓。

所有的東西其實不是錢的問題，是輸贏、賺賠，不是錢的問題，我根本不在意我花了多少錢？而是我用什麼方式花掉的。

在我離開紐約之前，每天晚上都泡在旅館對面的小酒館裡，那裡頭一個中國人也沒

◎如果某人的黑褲黑鞋配白襪也可以變成特色，你還有什麼不合時宜的？

有，跟老闆聊得好高興，然後旁邊的人都是朋友。

我在裡面跟很多人乾杯、聊天、胡言亂語、交換香煙抽（他們沒有看過555的煙，美國人很少抽英國煙），每天就是這樣過，過得很好。

之後，飛克里夫蘭。

◎克里夫蘭的兩場會面

從克里夫蘭機場出來之後，堡堡來接我。又是另外一個生活。

到了克里夫蘭，我想到還有一個小姨在那裡，那個親戚我上小學之後就沒見過了，我打電話回台北問我姐姐，我們的小姨跟小姨丈是不是住這兒？我姐只確定他們住在俄亥俄州，但是……美國一個州有多大？還好，還有聯絡電話。

後來我去了堡堡家，他跟太太、女兒住在學校的宿舍。我在他們家客廳上的沙發睡了一晚。第二天，我跟堡堡說，我要去看我小姨，他就上yahoo把我從電話中問來的小姨家地址和他家的地址輸進去，幫我弄了張放大地圖，上面還有詳細的方向指示，我借了車就出發去找我小姨。

我開了至少一個半小時的車。

從到美國開始，我就沒有害怕過，我覺得：既然來了，我就要讓它有意義、有價值，我沒有少做筆記，每天去了任何地方，筆記一直在做、DV一直在拍、我的眼睛一直在看、耳朵一直在聽、嘴巴一直在講。

到了小姨那兒，他們留我住一個晚上。我的小姨跟姨丈已經退休了，他們每天都到附近的公共球場打高爾夫球，打一場球美金八塊錢，自己拉著車自己打。我這輩子第一次揹著球袋打球，美國人都是這樣打球的，不像台灣人通通都有桿弟，自己拉完十八洞，居然也不洗澡，他們沒有在球場洗澡的習慣，就直接帶我去吃飯，去吃他們口中覺得「好吃得不得了」的自助餐。

小姨家的經濟環境很好，可是他們真的很節省，他們帶我去吃的那個很好的自助餐，每個人大概要十六塊美金（折合台幣五百多元），裡面有阿拉斯加蟹的蟹腿，我小姨丈一個人就吃了二十五隻，因為他不是天天來吃，只是因為那天要招待我這個遠道而來的晚輩。可是他們不會做樣子，不像台灣人，為了做樣子，成天的鮑魚、魚翅就往垃圾桶倒。該吃就吃了嘛，在他們面前我也很高興地拚命吃，很合理啊，我們就是要值回票價嘛。他們預備了盛餐，我如果不吃，就不好玩了，所以我也卯起來吃，大家也不要講廢話，待會兒回去再聊，就是用力吃，真的很愉快！

◎能記得的事就別寫下來，因為寫下來就容易忘記。

開車回堡堡那裡。一個叫做「肯特」的小鎮。

他在這裡唸書唸了七年，這裡最熱鬧的地方也不過是像……台北和平東路某個巷子裡的巷子，然後巷子裡有兩家麵館跟兩家超級商店，旁邊還有一個水電行。就這樣，那就是當地所謂的「市中心」。

晚上，我們開了大老遠的車，到了一家小酒館，那個鎮上就靠他們那一所大學維生，到了晚上，大學生就往這裡靠攏，可是裡頭也沒有很擠，美國人真的很省，能省就省，沒有像我們這裡有分什麼日生活、夜生活的，他們絕大多數時間都是在家看書、看電視、打打電動，就這樣。

那一刻我才去體會：他這樣過了七年，我呢？

後來，我們還去逛了海港、看了搖滾名人堂，最後一天要走了，他們送我到機場。

（我像極了一個過客，當時腦中還浮起一首歌詞「……偶爾投影在你的波心，你無須訝異，無須歡欣，在轉瞬間失去了蹤影……。」）

◎久別重逢Kimimodo

到了舊金山，又要開始自己找旅館。

我幾乎跑遍了所有大家可以在資訊手冊上找到的觀光名勝，但是都不是用人家的方法，都不是用應該花的費用，都不是照人家的時間表，我都跟人家顛倒過來，但是該去的我都去了，該吃到的東西也都吃了，所有的東西都變成了新的學習，每一樣東西進了腦海中，再也走不掉，因為我真的下去做了。

之前出國都是別人安排的，我永遠不知道發生了什麼事？也不會去記那個菜叫什麼名字？因為沒有必要，只有這一次，每一件事是那麼貨真價實的記在腦海裡。

我有一個人留在漁人碼頭的小酒館喝酒，喝到搭舊金山最後一班單軌列車回市區、然後跑回旅館的經驗。各式各樣的「一個人」——我自己。

在舊金山期間，我去找了**Kim**。

到今天為止，我都還不確定**Kim**到底會講幾國語言？我聽過他講：波多黎各語、西班牙語、日文，他還聽得懂華語，他特別喜歡中國女人，他的前後任妻子都是中國人，他有一對很可愛的小孩。

那是我第一次跑了那麼遠，到了那裡，所以**Kim**來接待我。

我們很久沒見面了，我的珠寶生意垮了，這時候再去找他，最容易看出對方是不是你

◎生命的意義是站立，躺平後是別人的生命。

朋友？他可能再也沒有機會賣你鑽石了。

他帶著他的兒子、女兒、太太，帶我去逛街、吃牛排（吃那種比一個臉還大的牛排！）、帶我跟他們一家人玩在一起，所以，我們是朋友。跟Kim碰完面之後，我覺得我可以回家了。

臨走前，我在舊金山買了一隻錶送給自己，看了很久、想了很久、掙扎了很久：要不要買？

其實，人生在任何狀況下都會買錯東西，只要你的感情變了，你就買錯東西，可是，它一定有它當時的價值。我有那種花了大筆錢，買完就忘了，有一天翻皮箱找到時才想到：「哇，原來我有一個那麼好的東西！」可是，也有那種價格不高，我想了又想、算了又算、談了又談的。

◎不要遺漏「重要，但不緊急的事」

一個月過去，我回來了。

回台北後回頭再想，當我離開LA的時候，腦海裡剩下來的是什麼？

我去看了我三十年沒見的小姨跟姨丈、我去見了我七年沒見的老師、去見了一直對我很好的異國友人，他們是我在美國期間，唯一見的三個本來就認得的人。在紐約的時候，我還跟一位昔日員工碰面，他拿了一樣東西來交給我，後來，我們一起坐地鐵到

China Town吃了一頓飯，他請我吃了一籠小籠包。就這樣了。

過去七年，我一直在做「緊急」的事情：明天要軋錢、明天公司要開會、明天要這個那個……，那，重要的事情是什麼？

就是在這種狀況下，我突然有機會去做了「很重要，但一點都不緊急」的事，你可以放在人生任何一個時刻去做，可是絕大多數你就是沒有去做，因為它重要，所以你會記得；因為它重要，所以它最後就會成為你的遺憾。如果不重要，你就不會遺憾，可是就是因為它不緊急，你就永遠不會去做。每個人都是這樣。

我很高興我沒有遺漏太多，家人是很重要的，雖然他們已經離開台灣六年，大體上，我沒有離散，而這趟美國之行，我做的都是：那麼多年來都不可能做、也不想要做，它在優先順序裡永遠排在最後一樣，它一點都不緊急，但它重不重要？很重要。

◎孤獨和寂寞完全無關。孤獨是選擇，寂寞是被迫。

如果，你覺得你的人生好失敗，你很想去死，起碼先把重要的事辦一辦，比方說，打電話給該感謝的人，跟他說聲「謝謝」，反正要死，先把這些事情做好，把這個屁股擦乾淨再走。如果你現在靜下心來仔細想一想，你會發現，從現在到你真的可以兩手一攤走人，你要做的事真的還很多！

你一定還有很多重要的事沒做，跟我一樣，我也有。所以，不要那麼乾脆就死，一定還有好多事情你沒做。

嘿，我在為你拍拍手

在一群人當中，你有沒有留意過那些沒聲音的人？他們其實是正在做最多功課的人。如果你現在正處於痛苦裡，而忙到沒辦法發出聲音，沒關係，請加油，保持正常挺下去，我在替你拍手！

軋錢的那三年（一九九四—一九九七年），我常常覺得我只剩一口氣（不是「脾氣」的氣），我整個人都死透了，只剩下一口氣不能吞，不能放掉或吐出去，那個明確的感覺就是這樣。每天，我都有軋不完的票，因為明天的這張票過了代表什麼？代表錢不會從天上掉下來，只不過代表過了一個星期、兩個星期、一個月、兩個月後我必須再軋一次。

旁邊的人最大的負擔只是：「你什麼時候要從這種狀況出來？」那個過程是一種「哀」，人家說「哀莫大於心死」沒有比心死更大的悲哀，我的狀況是心沒死，但它只剩一口氣，那，這樣一個人是不是很像行屍走肉？

◎關上一扇窗之前，多吸一口氣。

◎趕快想，還有誰？

我整天的腦力思維、溝通電話、培養關係，為什麼？我每天花那麼長的時間錄影，費那麼多的精神、努力，維持一個那麼好的面貌、笑臉迎人，為的是什麼？只是為了軋支票。

就剩這一口氣。

晚上睡不著就站在床邊、窗邊、桌邊，然後每次都叫醒自己：「趕快想，還有誰？」

我最常跟自己說的一句話居然是：

「趕快想，還有誰？」

當時，我太太常常怕我走到落地窗邊，她很怕一不注意，我就跳出去了。我一直在想，其實我運氣還不錯，身旁有很多愛我的人，所以，剩下的那一口氣要撐著！這個過程因為有很多是不能說的，所以也沒有人在那邊稱讚：「唉呀，你撐得不錯！」

很多人說瘋了就瘋了，真瘋了也就簡單了；很多人說垮就垮了，就跑路了，名聲不要了、信用破產了，也就解脫了；很多人乾脆一死了之，也就沒事了；很多人就翻臉不認人了；很多人連名字不要了……但是，如果這些人沒有做這些事，有沒有人給他拍拍手？

你有沒有留意過你身旁那些沒叫過的人？其實，他們才是真正表現很好的，可是通常沒有人注意，我們常常忘記為那表現正常的人拍手。

一個家庭裡誰最偉大？不是那個賭了十年，最後戒賭的爸爸，而是那個從頭到尾一直在支撐家庭的媽媽，她最偉大，可是大家通常忘了感謝；一個家庭裡，你會可憐誰？你會可憐那個不能走路的、還沒長大的、體弱多病的、一臉愁容的、疲倦不堪的，你如果可憐了他們全家所有的人，然後，你再看看這裡面唯一一個人還維持著笑容的人，在這一群人當中，還能維持這樣，他其實是裡面做了最多功夫、做了最多功課的人。

你看現在的社會很亂，不要為那些發了瘋又正常、生了病又被醫好的人拍手，請你為那些一直還沒發瘋、一直還沒生病、一直還沒落跑的人拍拍手，這些人不容易。

我也沒人給我拍手，我跟這些人一樣。

在我熬的這幾年當中，沒有半個人替我拍過手，我好的時候，好事者等著我破產；我紅的時候，好事者等著我不紅。對我來說，我就是要保持「很正常」。

我當然想過死了就解脫了，我當然想過跳下去就沒事了，我想過無數次，可是……我連走到窗邊都沒力氣，我每次走到窗邊的時候，腦袋就會出現那句話：

「別浪費時間了，你現在跳不下去，還是趕快想想——還有誰？」

那是一個什麼樣的折磨？那真的很悲哀，我居然沒有空想我要不要死？我有時候看到

◎我們連自己的腦子都管不住，你想管誰？

報導上那種花了一個晚上時間把自己灌醉，然後再考慮要不要跳樓的那種人，我就會想：好棒喔，你有那麼長的時間可以考慮這件事，我都沒有時間想這件事。

我為什麼要講這些？如果正在看這本書的你，現在正處於痛苦裡，很多人不知道或忘了替你拍手，這本書是寫給你的：

「我在替你拍手，請加油，保持正常挺下去；請加油，別浪費時間，趕快想還有誰？」

◎我告訴自己：「我沒病！」

做的最好的人是沒有人拍手的，我在我生病的時候也是一樣。

大家不要覺得我是鐵人一個、超人一個，那真的要花很大的心力，我真的要為那些到目前為止，看起來一切正常的人拍手。有些人會說：「他只是個性樂觀、他麻木不仁、他神經粗啦、他運氣好啦……」不要這麼不負責任地去評論。

當人家說，台灣有超過八十萬人得了強迫症，**那個看起來都沒什麼異樣的人看起來多珍貴！**那絕對不是莫名其妙就變成那樣，那真的是要很努力才能這樣，我要替那些看起來不起眼、看起來沒努力、看起來沒動靜、看起來不著痕跡的人拍手，你們太棒了，你們做的功課我了解，你們的努力我知道，很珍貴的。我要很正式、很嚴謹、很清楚地說：「我要替這些人鼓掌！」

在我軋錢的那一段日子，真的是以意志力控制一切，根本沒有時間想自殺、沒有時間去自殺，每天只有三個小時可以睡，而且還是昏倒的狀況，醒來的第一件事永遠就是打電話。

怎麼會有時間生病？

能夠讓我維持那一口氣一直不倒的，毫無疑問的，是因為我相信未來的可能，欠了錢為什麼有膽子借？那是因為我相信未來還得清；苦日子熬得下去，是因為相信好日子總會來。

在什麼樣的情況下，我的那口氣會散掉？怎麼樣我就會過去了？如果老天爺出現在我面前告訴我：「你的未來是沒有了！這就是結論！」我相信我那最後一口氣大概就會突然散掉。

可是老天爺一直沒出現，他既沒有來告訴我壞消息：「你沒有未來了！」也沒有給我捎來好消息：「你的未來來了！」是這個等待讓我沒有散掉那口氣。

但是……這個「等待」卻也讓我那口氣岔了，因為我一直等，我把我的氣養住，想著我要修煉它，隨著時光荏苒，一年過一年，三年過去了。

◎投資，是一種用頭去資助他人的行為。

我一直沒等到什麼事情在變，所有的事情都沒有變化，節目又開了：一個、兩個、三個……就這樣，一直一樣，我就開始打高爾夫球。

打高爾夫球的時候，我腦袋裡一直在想事情，越想越急：一方面，我很喜歡打；二方面，我還要這樣打多久？

我旁邊有很多朋友都是年紀大我一大截的，他們有的是在打「退休球」，有的是在打「算計球」，有的在打「賭博球」，只有我在打「過渡球」，我打球只是為了下一段，可是，機會什麼時候來？

我想，我是在一種焦慮的等待中，得到了憂鬱症。

先前那一趟美國之行對我而言，是一個完整的調整、完整的重組，我重新找到自己的力量、順序、感覺，我完整地找到我喜不喜歡我自己？以前很難去檢查這件事。長久以來，我都不知道旁邊的人到底是喜歡曹啟泰？還是喜歡我這個人？久而久之，連我都會問自己：你到底喜歡自己什麼？你是喜歡自己是個名人？自己是個主持人？自己是個有錢人？還是……？我喜歡我什麼？

從美國回來之後，我感覺我好喜歡我這個人，我很高興我的靈魂是附在這樣一個肉體上，這個肉體讓這個靈魂好安心，我是去找那個自在、那個從容在哪裡。當我覺得我都調整好以後，我等不到機會就會急，我的憂鬱症是這樣來的。

大概在一年半前，我莫名其妙地常常覺得心悸，後來去買血壓計量了之後，真的有很不穩定的血壓：一七○／一二○，常常上上下下的，除了血壓以外，還有其他的情況發生。

「我在最苦的階段沒事，怎麼現在會有事？」

我也不看醫生，我就問問誰有血壓藥，我不要證明我病了，因為我不能病，那個未來還沒來，它在哪兒啊？我還有沒有另一次機會？我一直告訴自己有，可是它一直沒有出現。然後就開始急了。

每到半夜兩、三點，我就開始劇烈咳嗽，一咳就將近一個鐘頭，我利用身體檢查的機會問醫生這是怎麼回事？他說可能是一種過敏，後來，我就沒有再去看過醫生。

九二一大地震（一九九九年）時，我開車下中南部去賑災，我還記得南下的那天，我在高速公路上停車了五、六次，莫名其妙地心悸、緊張、四肢酸軟、無法呼吸，最後換成小璽開車。如果我見過所有的陣仗，我怎麼會在開車的時候緊張成這樣？

我不斷告訴自己：「我沒病！」

我雖然不看醫生，但不表示我不聞不問，我當時有一個銀髮族節目，有很多機會訪問醫生、專家，我跟他們談憂鬱症、聊憂鬱症，聊著聊著，大概就可以知道它是什麼癥

◎握手，就是兩個人用身體最遙遠的方式接觸。

狀。

我後來跟一個朋友說我好像有憂鬱症，他就拿了「百憂解」讓我回去吃吃看，我收下來了，因為我不想去求診，求診就會證明我「有」或「沒有」病，兩個都不好，有，那這一口氣就要打折扣了；沒有，那我這是什麼問題？我不要問。我身旁所有一切的力量都來自於我很正常，如果生病，就再也不會正常了。

有沒有人會請一個生病的人去主持節目？主持一個歡樂的節目？藝人的工作性質是有了這一村，不一定有下一店，沒有永續的發展，節目沒有不停的。所以，我不能生病，更不能讓別人知道我生病了，唯一的辦法就是不要去證實自己生病了，如此一來，就可以否認自己生病了這回事。

◎請為「保持正常」的人拍拍手

這個情況維持了將近一年。

直到二〇〇〇年十一月，我才覺得我好了，我開始主持「大老婆俱樂部」，我沒有在那裡面覺得我的機會來了、我的好運回來了，但在主持那個節目的過程，我找到一個把手腳攤開的地方，找到了舒服，我想，我是用這個方法在治療自己。

在這場未經證實的疾病裡，改變了我一些觀念，我覺得不能扭曲自己，後來我變得非

常講究舒服、從容、自在、無壓迫，不壓迫人，我也不要被壓迫，我個性中最脆弱的就是：「我永遠沒辦法說『不！』」「我永遠沒有辦法拒絕、委屈別人，只好委屈自己。」

現在我好會委屈別人，我覺得那是**OK**的，這是一門你要練得的智慧，**訓練自己，把自己從可能的疾病邊緣拉回來。**

加油，真的可以辦到。

憑良心講，一直都沒有人可以證實我是不是得了憂鬱症？我確實吃了那些藥，有一陣子我也在吃降血壓的藥，因為我覺得腦袋都要爆掉了。我一直很努力讓自己正常，這一點我一直很努力，我常常在提醒自己：人，一定要有反省的能力，不要成為別人眼中不正常的人，有暴躁的脾氣、有偏執、有強迫，都不要。可是，正常是一件多麼不容易的事。

你身旁若有人忽然理了個光頭，或是突然變胖，他可能就是發生了什麼問題，你就會想要去關心，以我的藝人朋友們為例，只要一離開螢光幕，很多人就變了：發胖了、變老了、迅速頹廢了、變瘦了、變得兩眼無神、變邋遢、變嚴肅了……可是，那是他的發洩之道，這是一個過程。

有的人很恆定，幾十年來不變，他就要付出比別人多了好幾倍的心力，這是一定的。那個最穩定的人其實是最努力跟最不容易的，「穩定」兩個字太不容易了，如果你現在

◎誰都曾仔細觀察別人，卻對自己的背影最陌生。

不穩定，我恭喜你，因為你正在做某種程度的發洩，可是一定要記得回得來。變是很容易的，可是要維持正常就很難；如果你現在還很正常，加油，保持下去，因為正常是很重要的。

前陣子，我去了一間畫室，那是一個朋友的家，五年來，我第二次回到那裡，現在那裡已成了一個儲物間。

我看到一張照片，上面有我當時的樣子（就是那個還在熬戰、只剩一口氣的我），還有我朋友、我女兒、當時幫我畫這張畫的畫家。

我看到那張照片，也想到自己當時畫了一張油畫。

本來以為像路邊畫素描的那樣，只要半個小時就會好了，誰曉得要五個小時？在畫油畫的時候，我還一直想：「還有誰？」可是沒辦法打電話，我心裡非常後悔，還要一直維持正常。

我現在看到當時的自己，都會覺得有點……毛骨悚然。你注意一些重播的節目，我在裡面講了很多話、做了很多事情，但在當時我應該沒有辦法做這些事，我怎麼能在信用破產的邊緣，維持三年談笑風生，怎麼能？

所以，我真的要說：「老天爺，我替我的家人、孩子、工作夥伴，替愛我的人說一聲謝謝你，謝謝你幫助我挺過來！」

◎閉上雙眼，通常才知道顏色是什麼。

Part-2

借錢（Never give up your future）

我真的借錢借了好幾年。
請為那個能夠借到錢的人拍拍手，
因為能大量借錢的人，代表他能大量地賺錢；
能大量借資源的人，就一定有大量「運用」、「還」資源的能力。

到哪裡找我這麼好的借錢人？

借錢是一個個性，沒有這個天賦的人，不要去借錢，也不要勉強去借錢。有些人天生適合當債權人，有些人只適合當債務人，這個要看個性。

我從初中就開始借錢，唸大專的學費也是借的，不停地借，身旁所有能借的人幾乎都被我借過了，過去的八年，當然更是如此。

很多人把借錢解釋為「透支」，我說，這是負面思想。透的意思是「超過」，支的意思是「外放」，都不好，為什麼要叫透支呢？應該把它改成「先享受」，先享受人生的所有資源。

◎我是天生債務人

被欠錢的人總是比較痛苦，因為你不能忘記別人欠你錢，你沒有遺忘的權利；當債務人則是很快樂的，如果你有能耐的話，通常，你都已經忘記你欠誰錢，所以，你是既得利益者，又沒有負擔。

是聰明人就不要選擇當債權人（被人欠錢的人），儘量去當債務人（欠人錢的人）。

我的原始個性就是一個借錢的人。

我的姿態可以給人信任。我過往的成績，讓人相信我有還錢的明天。我有最好的應變能力，所以，我總是能夠因時因地、因地制宜地借到錢，甚至，我要借的款項也能夠縮放自如，我本來可能只要借一百，我可能會因為今天的狀況、天時、八字、人和而借了兩百，不行的時候，也可以只借二十，馬上改弦易轍。

很多人不知變通，這是不行的，尤其在借錢這件事上，不知變通是借不到錢的。

我的個性適合當債務人，我很不會當債權人。我最適合當「由下往上」談判者，我最不會做「從上往下」談判者。身為一個債權人：如果我要借錢給你，我的姿態一定要比你高，在給的同時，我也要一些別的東西，是要你的面子？人情？或者……利息？這一收一放我不會演，我最會演的就是「由下往上」談的談判者，因為我無懼強權，而且，我同情弱者，所以我不能當債權人，但適合當債務人。我常跟借錢給我的人說：

「你知不知道你有多幸福？能夠碰到天底下最好的借錢人？有自知之明、負責、盡職、努力、守信用，你要好好把握我們這段美好的相處時光，因為，我不會一輩子跟你借錢，我怕到時候你就找不到我了。」

到哪裡找我這麼好的借錢人？

◎送你一支煙，讓你看見一片青雲直上的未來。

◎大膽「借未來」

你知道我為什麼一直能夠借到錢？一直能夠借到資源？

在我手上所有事業都開展的時候，其實有著大量的「資源流動」現象跟行為，但是整個絕對值並沒有負數的部分，都是以最近的未來在補現在，沒有形成空洞。

你說，我們不是正在談振作人生嗎？怎麼變成在談怎麼借錢？好悲哀。

一點都不是。我們先回過頭來看做生意這回事。

一個公司如果有兩個員工，你就是在借他們兩人的未來。為什麼有的員工會把公司給拖垮了？因為你借到了一個未來是負數的員工，他的未來不是正數，你如果借到他的未來，你就要賠錢了；一個公司裡頭有各種設備，你就是在借這些設備的未來。

什麼都是借來的，交一個朋友就是在借他的未來，你一定對他有期許、有想像，或這樣說好了，你喜歡這個朋友，你就是在借他的未來，因為他將來會陪伴你。

所以，人生其實就是一個「借」，你借的越多，就賺的越多。

那，借錢給人的人在幹嘛？他更是在借那個跟他借錢的人的未來。再重新強調一次，我說的是「借」，不是被人家「賞」，這是絕對不一樣的兩回事，「借」因為有還，所以叫借，「賞」因為不必還，所以不存在於我的字典。

人家肯把現在口袋裡的錢變成你將來可能得到的錢，為什麼？他為什麼要答應？這

時，你就是在拿你的未來在換它。

◎千萬別把別人當呆子

在所有可以借錢的對象中，大概可以分成幾種：

1. 聊天型：

你要先閒話家常，各式各樣的聊天，彼此關懷，然後在行雲流水間，吐露哀怨的需要，就可以達成需要。

2. 救急型：

有一種人，你姿態越低，就越不可能，你只有在狀況很好的情況下，才能讓對方明確地知道，他是在救急，而不是在救窮。

3. 扶弱濟貧型：

這類型的人，同情弱者，那你就要演窮，演得比誰都徹底，這會關係到你要借錢的數額、週期。

4. 誘之以利型：

這類型的人，屬於「重利之下，必有勇夫」，你只要許以高利，必定可行。

有一次，我為了借一筆錢，在和兩個可以借錢給我的對象通過電話、碰過面之後，

◎一瞬與永恆，根本是一個字。一瞬總決定了永恆，永恆的回憶只有某一瞬間。

我確定他們都是所謂「誘之以利」型的人（其實每個人不一定只有一種型，會因各種外在因素而改變），接著，我就在想，當天有什麼素材，是我可以向人家證明我的未來？我當天要用什麼方式，可以讓人家增加信心？在誘之以利的情況下，我有幾種選擇？

當時，我靠的是一張沒發生的合約，加上我的三寸不爛之舌。

在我要去借錢的前一天，報上登了一則消息，說我可能會去接一個新節目（演藝圈的消息光怪陸離，通常，十個有九個是空穴來風），像這樣的話，一年裡大概會在報上出現個N次，但是，當時出現的這句話，卻成了我的籌碼。

於是，我就拿著這張報紙在電話裡問他們兩個，有沒有看到這則消息？然後，我就描繪了一大篇很完整的故事：這是一個即將發生的合約，這個合約為期有多長，我會從這個合約得到多少報酬……然後又用一個他們不得不接受的態度（所謂的態度就是：一切對你有百利而無一害，你怎麼能不接受？）試圖說服他們，接著，我又做了一張報表，上面有我借錢的金額、還錢的期數、附加的利息（那是一個複雜的複利計算，在此就先略過不提）。

你一定要相信一件事，會在交易過程當中跟你碰上的人，沒有一個不會算帳，千萬別把別人或自己當成呆子，在所有談話過程當中，沒有被提到的細節，一定都是最在意的細節，千萬不要認為對方沒有開口問利息是多少，他就沒有在算利息，千萬不要這麼認為。所以，我在報表裡面也沒有明確地說：「恭喜你，你可以得到將近八分利。」

千萬別這麼做。

結論是，對方總共借出三百萬，在半年裡，總共可以拿回四百四十萬。

◎別逼對方承認自己是吸血鬼

對借錢給你的人來說，這當然是一個難以拒絕的誘惑，對我來說無所謂，反正，做這個節目的錢都給你們就是了，我現在需要錢，你們先把錢借給我。所以，你也必須做到讓對方沒有「收高利貸」的色彩，他借錢給你只是基於朋友的道義，他也沒有要求你有任何抵押，看起來是一個夠意思的朋友。

千萬不要得了便宜還賣乖，人家願意借錢給你，還要逼對方承認他自己是個吸血鬼、是在收高利貸！不必，在當時不必！人不必有意氣之爭，人一定要為了第一目標而放棄所有其他不必要的干擾！當時，我的第一目標是：「把錢借到。」

所以，我寫了這張單子、送了這張報表。你絕對要相信一件事，對方拿到這張報表的第一件事就是在算投資報酬率，他也知道收益頗豐，於是，會看到他點頭同意。

但事實上，那個節目後來並沒有發生，我沒簽成那張合約，我也沒賺到那筆酬勞。

所以，我要講的是，不但是要借未來的「錢」，還可以借未來可能發生的有錢的「機

◎忽然的事其實從來未曾忽然過。

會」，你可以拿未來的合約、未來的任何可能去達成你現在要的目的。

千萬不要客氣。

當我們問一個孩子：「你將來想當什麼？」通常得到的答案都是：「我想當醫生，我想當總統，我想當軍人……」這種抽象籠統的答案，因為那是未來，所以可以形容得很簡潔，也可以很擴大。

接著問：「你想當哪一科醫生？」他可能約略還可以說出：「我想當牙醫。」

再問下去：「你想當賺多少錢的牙醫？」他可能就傻了。

海邊的醫生跟城裡的醫生，差別有多大？到海邊義診跟在城裡開業，差別有多大？一個可能是功德的建立，一個可能是金錢的收益，所以，他的未來有很多可能性。

未來，是無可限量的，你的，我的，都一樣。當你把未來期許給別人去借錢的時候，請不要矮化自己，請在裡面放入無盡可能。

借錢給你的人心裡在想什麼？

兩個朋友之間一定要發生金錢往來。在大量的金錢往來下，你一定知道對方在好的時候是什麼臉？在不好的時候是什麼臉？

債主其實沒那麼好當，很容易被借錢的人看出「你到底是個什麼東西？」因為錢的過程是最現實的。

我跟那麼多人借過錢，我很容易知道：這個人是現實的、那個人是勢利的、那個人是……，俗話說：「商人重利輕別離。」每個人都愛利，不愛利的就不會有錢。但是，每個人都不一樣，有些人會偽裝自己的愛利，有些人是毫不偽裝，有些人是短利、有些人是長利、有些人近利、有些人遠利，這個過程很容易暴露這些事，人情的冷暖也會在此時一一出現。

你一定有很多這樣的朋友：交往了好多年，都不知道他對金錢的觀念？因為你沒跟他借過錢，試試看，你就知道了，然後你會發現：你們將來能不能合作？

◎誰都曾仔細觀察別人，卻對自己的背影最陌生。

◎知己知彼才能借到錢

當你準備要跟人借錢的時候，你要眼觀四面、耳聽八方，判斷每一個人有多少資源調度的空間？千萬別錯估！你跟可以借你五百萬的人開口借五十萬，對他是一個侮辱；你跟可以開口借五十萬的人借五百萬，你連五十萬都借不到！

要如何準確地從對方的口袋將資源調出來？一定要能夠知己知彼，不但如此，還要能夠知人、知時、知氣象、知他的興趣嗜好……，你要去搜集，不用把它寫下來，它要存乎一心，你認得一個人，他在什麼情況下會被你勸得動？他的心會動？他會樂意幫你？請注意「樂意」這兩個字，這一點非常重要，借錢給人家不樂意，是不完美的，借錢要借到人家很樂意，還錢要還到人家很驕傲。

這個要靠「養」，平常就要「養」，養這些人，跟養他的能耐，然後還要訓練他的神經，把你身旁的朋友全部做一個整理，假設自己處於人生可能急難時，你可以找誰幫忙？

Q1：假設你要去看「鐵達尼號」這部電影，你會約誰去看？為什麼？

Q2：好啦，現在有另一部電影「史瑞克」，你會找誰一起去看？為什麼？

對囉，你平常就要做這樣的功課，將你身旁的朋友做一個了解，你才能夠在必須應用的時候動用。

◎借錢，友誼的試金石

我一再強調，借錢不是一件壞事，千萬不要覺得自己心術不正，交朋友的最終目的是什麼？就是和對方發生往來，什麼叫往來？情感的往來、生活關係的往來、酒池肉林的往來、金錢的往來。

很多人都不覺得跟朋友去喝花酒有什麼羞恥，卻覺得跟對方借錢是件很可恥的事。對我而言，我覺得去喝花酒比借錢要羞恥一點。

我不是衛道人士，也不認為喝花酒有什麼大不了，我也不在意我的朋友愛做什麼，老祖宗那句「單嫖雙賭」說的好！要嫖，一個人去嫖就好了，不必呼朋引伴；賭，一定要成群結黨，因為賭容易出事，成群結黨，才不會有人出你老千。

每個人都有生活裡難看的事情，在你可以跟朋友發生的所有交往裡，借錢絕對不是最低劣的一種行為，絕對不是。在交一個朋友之初，你心裡有沒有借錢的動機不重要，但你一定要保持這樣的空間：「預不預備跟他培養友誼？」「預不預備跟他發生金錢往來？」「願不願意和他在事業上共同努力？」在一路交往的過程中，心裡就開始有感受，不需要害羞、抬不起頭、心裡有鬼、自慚形穢，覺得：

「我怎麼可以對著一個有錢的朋友，第一天就想動他腦筋？」

◎選擇也是命運。

千萬不要這樣自己怪自己，否則，當你需要的時候，就真的借不到錢了。

我覺得，天底下只要是我認得的人，我都可以借錢，你了解「在家靠父母，出外靠朋友」這句話的意思是什麼？是指：

「在家有事情搞不定的時候，靠你的父母；出去有事情搞不定的時候，靠你的朋友；在你搞不定的時候幫你的人，叫做朋友。」

所以，朋友裡面要表現真正情操，**最高尚的行為就是——金錢借貸**。

你說：「他們有十五年的交情，還穿同一條開襠褲長大！」

我說：「那都沒有用，他們即使感情水乳交融，曾經一塊兒游泳，一起泡馬子，同一時間結婚……那都沒有用。」

真正的夥伴是什麼？

兩個朋友之間，一定要發生金錢往來，在大量的金錢往來下，還能維持長期的信任跟友誼，這個朋友是最經得起考驗的，你一定知道對方在好的時候是什麼臉？在不好的時候是什麼臉？對方在你身上想要企圖的是什麼？要多少他才會覺得滿足？你都可以透過「借錢」這個過程看得一清二楚。

請問，有哪一種交友方式，可以將彼此的友誼檢查得這麼透徹？

有一些我預期中的債主沒有借錢給我，我對他們的尊敬也沒有少過半分，但要看他當時是怎麼說的？

我碰過這樣的人：我跟他借三百萬，他說他有二十萬，他覺得以他跟我的交情，這二十萬他送我。你猜，我有沒有拿？我當然沒拿！所以，後來有一次我跟他借到了三百萬。

這也在於你怎麼看自己？

以上是很好的例子，對很多人可能會很有用。在當時那個節骨眼，你做不做得到？你會缺三百萬，可能就真的連明天的飯錢在哪裡都不知道？因為你一定把所有可以都放進去了，如果這時有人送你二十萬，多一個朋友少一個朋友有什麼關係？拿了再說嘛！可是我真的沒拿，我當時只有一個感覺，就是好簡單一句話：「我不能！」因為我覺得留住這個朋友，比我口袋多二十萬重要！

事後只證明一件事：我買到那個感覺，而且沒成本，因為那個二十萬是他的，不是我的，他二十萬也沒拿出來，我二十萬也沒收下去，我們互相用二十萬快速地做了一次友誼交換、感情交流。

◎人生的喜樂就在開闊地擁抱悲哀。

◎利息，人情冷暖的驗證

最單薄的一種借錢就是「禮尚往來，有借有還」，這裡面如果有付了利息，你就真的沒欠對方什麼。所以，你下次要借錢給別人的時候也請先想清楚這一點：只要你收人家的利息，不管是一毛還是十分，他都沒有欠你什麼，只要他如約還錢。

通常我們去借錢，如果碰到對方不收利息，那有幾個意思：

一、他希望你以後不要再借了（對方多半是抱著這筆錢他不要了）。

二、他要你欠他一些別的。

三、你碰到貴人了！

在你缺什麼時候給你什麼的就是貴人，會借錢給你的貴人有三種：

一、無怨無悔型：

像父母親、兄弟姐妹都是屬於這一型的借錢者，因為他們是你的家人。

二、有來有往型：

不管他有沒有拿利息，他同意在某種情況下跟你產生關係，或是他想在你身上得到什麼的往來。

三、命中注定型：

對方跟你非親非故，就是很喜歡你，真的想幫助你，他們有些跟你相逢在患難中，

有些跟你是萍水相逢，有些人只是擦身而過，都可以產生關連。

第三種類型的貴人真的讓我很感動，我可能只是不經意地提到我有困難，他們就很熱心地幫我，然後一幫再幫，當然，我也秉持一個原則：我沒有對不起人家，我借了都有還。

在這個過程中，有好幾個人我現在想起來，心頭都有一股難過，一直到今天，我都還沒有什麼機會回報他們，我欠他們人情，他們有的也有收利息，可是那種情況是對方必須要收，有的是我的堅持，我總不能讓他們平白損失銀行利息。

其中有一位陳小姐，不只一次的去外面找錢給我；還有一位甚至跟我談不上是朋友的徐小姐，她只是單純地跟我認識，平常也沒有什麼往來，也沒有任何事業上可以交替的資源，但她幫了我非常多次；有一位林先生，他也幫過我不只一次……仔細一想，他們勝過我在外面交了多少年的朋友？他們每個人前前後後幫了不只一次，時間都有一年之久，每個人可以幫忙的數字都不同，他們各自在不同數額的群眾裡，有：百萬級的，有五十萬級的，有十萬級的，在所有借錢給我的人當中，我要在此特別說一聲：

C先生，再等我一下，謝謝。

◎愛，通常是所有情操中，最無聲的一種。

我告訴大家，跟別人借錢的人心裡在想什麼？

我不願意倒，我也一定會還，但是，假如萬一我還不起，或，我的錢不夠還每個人，你猜，我的優先順序是什麼？每一個跟人家借錢的人心裡要有正義感，要從收你最高利息的人倒起，因為他們有最高的獲利，理應承擔最大的危機，沒跟你收利息的人，你要第一個還他。

結婚之前先把錢談清楚

我建議夫妻、情侶之間都應該有金錢往來，才能將對方看得更清楚。如果你從來沒有檢測過另一半對錢的態度，你怎麼知道在未來的日子裡會不會發生問題？

我們常說，到一個人家裡，只要看他對待工人的樣子，你就會知道他對位階比他低的人是什麼嘴臉？丈母娘看女婿，要在牌桌上看，因為牌桌上賭徒見真情；要在喝酒的場合上看，這樣才知道會不會酒後亂性。在平常的交往裡，很難打破平行的藩籬，你一定要打破才看得到畫面。當然，我不能要你沒事去借錢，我只說，我比你幸運，老天爺給了我那麼多機會不停地去借錢，於是，我看到很多很多不同的嘴臉，很快速地認清很多人，然後看到人格的三流九等、高下之分。

◎記得檢測另一半對錢的態度

如果，你（妳）想仔細衡量你（妳）在岳家、夫家心目中的地位跟份量，試著跟他

◎生命的意義是站立，躺平後是別人的生命。

們發生金錢往來，你（妳）就會看到一副從來沒見過的新景象出現，因為錢扯不清楚，最後弄得不歡而散的例子實在太多了，可是，很多人只要看到這種情形，就會擔心地說：「你看吧，夫妻、情侶之間就是千萬別碰錢，跟對方的家人最好也不要扯上錢！」

我說：好啦，你們彼此之間的錢不借來借去，妳不知道對方碰到錢是什麼樣子就嫁過去了，有一天，忽然得到一筆獎金，是要讓你們夫妻共享的，你們兩個要怎麼分？分多少？如果妳從來沒有檢測過另一半對錢的態度，甚至他對妳在錢這個事上的觀念、氣度、胸襟，妳怎麼知道在未來的日子裡會不會發生問題？發生的時候又要怎麼辦？

一定要試，而且要大量的試，不要因為怕就不碰，從來沒聽說過，哪個傷口是直接用紗布蓋起來就自動會好的，一定要見光、通風、被水淋……才會慢慢痊癒，小時候我們受傷，如果一直用紗布蓋起來、用**OK**蹦貼著的，那個傷口常常會化膿爛掉，可是一旦拿下來，照樣去玩、去滾操場、去游泳，過幾天就會收口、結疤了。

每個人都說不要碰錢，你不碰錢，我不碰錢，所有人都在說謊！沒有一個人不在想錢、不在談錢的，沒有兩個人之間的關係沒有錢，小到吃飯誰買單？大到結婚台的禮金怎麼收？通通都會扯到錢，可是好多人都避而不談，你家是有氣質的，我家是有氣質的，所以我們都不要談婚禮的錢誰收，到了現場雙方家長還會互相推託一番，結果散場之後一肚子氣：「你怎麼真的就自己收了？」

◎有溝通過錢的婚姻，問題比較少

要結婚的雙方，如果一開始就用很公平、公開、公正的態度將「禮金怎麼收？」的問題談清楚，這是最高尚的行為，所謂的「對八字」，裡面最重要就是對「錢」字，為什麼要「烏鴉配烏鴉，鳳凰配鳳凰」？為什麼要講門當戶對？因為錢的問題小，雙方的錢數相當，可以吃的虧跟想佔的便宜相當。可是，是不是一定如此？不是。但是有先把錢這個問題溝通過的婚姻，通常問題比較小，為什麼有「沒有家累的婚姻，通常比較沒有問題？」這種說法？因為來算錢的人少，錢比較容易算清楚，一旦錢算清楚了，很多事情就很方便。

在我的婚姻裡面也很清楚，因為我跟夏玲玲兩個人都不要錢，所以就好清楚，我們碰到錢的問題是最好講的，如果我們之間有一個是要錢的，就得要有一個不要錢，通常的情況是都要錢，要多要少而已，不可能統統不要，我太太根本不在意錢，我的經紀人也不在意錢，所以我沒有錢的困擾，我的婚姻、工作、朋友關係全部都是把錢先講清楚：「可以借可以還」「可以借了不還」「可以擺明了不還」。

在過去的八年當中，我付出去的利息少說也有一千五百萬元，很多人聽了可能會滴血，對我而言，我只覺得……算了。

◎孤獨和寂寞完全無關。孤獨是選擇，寂寞是被迫。

在我最窮的時候，借錢借到頭破，老覺得口袋裡只有一塊錢，放眼望去，卻忽然發現四周都是錢：車子、名牌衣服、古董傢俱、航空公司的貴賓卡……反正把身邊所有記得價錢的東西喊一輪，隨便喊喊都超過兩三百萬。

很多小孩子都殺過小豬（撲滿），那，我這樣一個人在殺小豬是怎樣的景象？而且殺的還是兒子女兒的小豬，那是什麼景象？

要怎麼開口才能借到錢？

借錢是一門學問，請小心過程當中的你來我往。有很多人在很多時候都有不必要的牛脾氣，有些人在借錢的時候，常會有不得體的表現。

請相信這個世界上是有流年、流月、流日這回事，除此之外，我還要提醒大家，借錢之前還要對八字、看風水、看面相、看節氣，否則何來「生不逢時」「流年不利」之說？

你有一個朋友非常講義氣，不巧，今天早上剛被人倒了一筆會，你猜，他現在是決定要講義氣？還是顧荷包？你如果沒有感覺，怎麼知道他今天屬於哪一種類型？要用什麼方式開口？

有的人早上發了一筆橫財，下午就突然變成一個慷慨的人，有人昨天做了虧心事，今天就突然變成一個大善人，因為要彌補自己的罪惡。你不知道他前面發生什麼事，就不會知道他現在是什麼狀態，所以，一定要培養自己察言觀色的本領。我也是這樣教導

◎接受他讚美的時候，要檢查說話的他有什麼優點？讚美你的人如果沒什麼優點，你也就不必高興了。

我的孩子，我常提醒他們：

「你們要知道怎麼說話？怎麼溝通？怎麼了解人性？怎麼敏銳？怎麼敏感？怎麼將心比心？這才是你們一生當中最可貴的，別人都搶不走的武器。」

從小到大，我身邊的人（以前是我的父母、兄弟姐妹，現在是我的太太、小孩）都對我有一種信心：「不管碰到什麼狀況，曹啟泰一定跑得很快！」

他們覺得我一定有足夠的能力可以自衛，甚至在惡劣的環境給自己找到一碗飯吃，所以，可以永遠維持這種可能性，永遠保持這種變性，才是最可貴的財富。人，一定要有變性（隨機應變）沒有變性的人，會很可悲，也很脆弱。

◎要把自己的態度準備好

借錢是一門學問，請小心過程當中的你來我往。

仔細地去體會、分辨你對面的那個人，今天他是屬於哪一種可以借錢的類型？仔細地去檢查「所有可以嘗試的極限在哪裡？」請小心這句話，它的意思是說：

「你可以講到哪裡？談不下去的時候就要停，不要過頭，過頭可能一輩子再也不用借了，可能錢沒借到卻傷了交情。」

很多人在很多時候都有不必要的牛脾氣，一定要記得，談話的時候，一定要留下迴轉的空間，不要把自己的車開進死巷裡，也千萬不要演那種過河卒子，死命向前的姿

態，絕對不能說，今日借不到就玉石俱焚，沒有一個預備借錢給人家的人，會歡迎這樣的借錢者上門。

甲：「你借錢給我好不好？」

乙：「不要啦不要啦，好朋友之間談什麼借錢？」

甲：「那，你要不要收利息？」

乙：「…………」

甲：「你真的好意思收我利息？」

你猜，這樣借得到錢嗎？當然不能。

乙：「我要三分利。」

甲：「嗯，我真的付不出來，算兩分好不好？」

乙：「…………」（同意了，但是面有難色。）

甲：「幹嘛？我們算不算是朋友？三分已經是馬路上的高利貸了。」

千萬不要讓對方覺得你有「我就讓你欺負這一次！」「我今天是不得已的！」或者「你們這樣子算哪門子朋友？」的心態，這樣怎麼借錢？當然不行。

但是，借到錢之後，也不能掉以輕心，不要因為借到錢，就改變任何態度，因為現在的改變就會是你以後的成本，還不起錢，也千萬別惱羞成怒，因為該怒的人不應該是

◎握手，就是兩個人用身體最遙遠的方式接觸。

你，可是很多人都會把狀況弄擰。

還有一種人也借不到錢，因為他在上次借錢成功之後，嘴臉就變了，他讓借錢給他的人看見他的日子過得比他還好；因為他上次在還錢的時候，給對方不爽的臉色；因為他在上次沒還錢的時候，沒有對對方和顏悅色，我們常看到那種畫面：跟人家要錢的人，苦口婆心，欠人家錢的人兩手一攤，一臉無賴樣，這樣的人還借不借得到錢？當然不行。

◎怎麼開口學問大

有些人覺得「借錢」這兩個字很難聽，跟這兩個字同義的還有：調頭寸、軋錢、周轉……。做生意的人是不說「借錢」這個字眼，但我們從他怎麼開口，就可以知道他背後代表的心理。

● 調頭寸：我是高高在上的主宰，所以，我從你的公司調一筆錢到跟我有關的一個帳戶裡，那些都是身外物，我們只是把它挪來挪去，這是做生意。

● 借　錢：表示他現在沒錢。

● 軋　錢：表示他現在很缺錢，狀況非常緊急。

◆跟朋友要這樣借

在生意場合上，我們只會聽到「調錢」「借錢」跟「軋錢」……這幾種說法。只有平常很少用錢的人會說：「我要用錢。」如：孩子跟父母，同學跟同學之間。

可是，如果有人在很生澀地說完：「我要用錢」之後，接著從口袋掏出一份長達十頁的報表，那就值得懷疑了，合理的狀況應該這樣：

甲：「我要用錢。」

乙：「缺多少？」

這時，要借錢的人千萬不能說出像「缺了四十七萬五千元」之類精準無誤的數字，因為這聽起來像軋錢，一定要這樣說：

甲：「嗯，缺了二、三十萬。」

乙：「你要幹嘛？」

甲：「我要買車啊。」

這聽起來是不是很舒服？你只是暫時少了一筆錢，而且，你在跟一個好朋友說話。

（註：如果今天有人跟你說他要「用錢」，我覺得你可以仔細考慮借給他，因為他不是常幹這件事，所以才會說「用錢」，他不是有備而來。）

◆跟生意人要這樣借

◎誰都曾仔細觀察別人，卻對自己的背影最陌生。

假如對方是生意人，身份也是你的好朋友，就不能用以上那個樣版，你應該這麼說：

「欸，我今天要調個頭寸。」

接下來，應該從口袋裡掏出一張支票，然後上面已經填妥你要借的金額，表示你不是來這兒打蛇隨棍上，你不是來這兒看他口袋有多少錢的，就是不管你有沒有，我就是要借三十萬借五十萬……，為了表示誠意，你還必須掏出一張空白支票，表示「我利息先押」，這樣子就叫做「有為有守，進退有據。」

◆跟長輩要這樣借

如果你今天要跟一個長輩借錢，奉勸你不要提到任何一個「錢」字，最好是這樣說：

「我最近碰到一個困難，其實，實在不應該拿這個問題來打攪您，但在這麼多長輩裡，您向來最關照我，目前，也只有您最有能力幫我……」

這時，千萬不要從口袋掏出任何東西，否則，看起來像是預謀好的，在他初步同意後，也不要馬上說金額，你只要說：

「目前，我的整體狀況的確是有缺，但數字不是太大，不會超過一百萬，讓我先回去算清楚，然後列一張報表給您。」

你心裡想著這件事，後來的數字就不能是一百三十萬，一定要低於一百萬，最好只借三十五萬元，而且，報表你早就寫好了，但是，一定要第二天拜訪時再拿出來，另外，為了讓對方安心，最好標好日期，寫個三十二萬八千元，表示不會再有後續借款動作。

跟長輩借錢一定要這樣，切記，把信封封好，長輩絕對不會當著你的面，收下一張赤裸裸的支票，上面還寫著利息！而且第一天去的時候就要帶禮，即使你在借到錢的當天下午就軋得頭破血流，也千萬不要急著當天說謝謝，這樣，他就知道其實你很急，你前幾天擺出來的從容跟憂愁，都有問題。

你要在第三天之後才打電話致謝，說你已經把眼前的事情處理掉，並且會按照原來的承諾將後面的數額補足。

◎請用別人的眼睛看自己

在你姿態很低的時候，一定仍要流露出傲骨，才不會借不到錢就惱羞成怒；也不要借到了，卻從此變成吻人家鞋子的那個弄臣。

這些年來，我看過很多在演弄臣的人，演了很久，卻還是借不到錢；借得到錢的，絕對不是弄臣。這個道理就好比：你拿一萬元給你的朋友，卻頂多拿五百元給你的兒

◎說笑話的人最怕哭不出來。

子，你明明知道你兒子將來有還你的可能，你也可能知道你的朋友拿了一萬就一去不回了，問題是，這個一萬是你給你朋友的絕對值，五百是你給你兒子的絕對值，所以，能夠演人家朋友的人，絕對不要去演人家的兒子，因為你會借不到錢的。

所以要讓自己**mark**，你的身體看起來像一個多少的絕對值？請清楚衡量自我，你在你每一個朋友面前的價值都會不一樣，你講的話、用的東西、開的車、穿的衣服……都代表了一個絕對值的符號，那，你以為你不停地吹噓這個外表，你就可以借到最多的錢？看起來絕對值最高？沒有，那一定還有一個附加的，就是你整個人帶給人家的可能性。

以我自己現在的自知，如果我告訴人家，我正在做一個七百億的生意，結果，我就可能連兩萬都借不到；可是我如果跟人家說，我正在做一個五千萬的生意，我需要調個五百萬、一千萬，就變得合理；如果我跟人家說，我在做一個八十萬的生意，現在缺二萬八，我只有兩個可能，一是人家以為我在開玩笑，一是，如果我真的認真，我就會失去這個朋友。

所以，你對自我的衡量是什麼？不要管你肚子裡差多少，一定要先把自己算清楚。要借錢之前，請用正射的方式看一遍自己，請用別人的眼睛來看你，你有沒有想過你今天要借的是多少錢？你可以開哪一輛車去？借二萬八的時候，絕對不要開著你的賓士車；想去開口借五百萬，也絕對不要坐計程車去。

怎樣讓自己具備調度能力的資格？甚至營造出讓人家迫不急待想要借錢給你、深怕跟你失去了關係？

那是我認為的最高境界。

在這裡也提醒大家，如果你在某個人身上借不到錢，也不要激怒他，因為說不定將來他要借錢給別人，請不要斷了別人的後路，說不定，他會因為你的惡劣行為，發誓這輩子不再借錢給任何人，那你就害了其他人。

另外，在你不需要借錢的時候，一定要做好平日的保養跟維護，這所有的人都要做保養跟維護，適時的問好、報告近況，使其安心，如果你預備一個月後要跟某人借錢，你一定要在今天拿起電話跟他聯繫，而且絕口不談錢字。

◎滿足與不滿足之間，只是一次深呼吸。滿足，來自於有空思考；驕傲，來自於思考之後無憾。

做條會借錢的蛇

很多事情是很容易拆穿的西洋鏡，可是有沒有必要點破？請當一條會借錢的蛇，不是保持純然的弱勢，這個形容似乎有點殘酷，可是真的必須如此。

我一直很喜歡用中國古詩詞以及成語，它可以把好多複雜的感覺用很簡單的字眼形容出來，好比借錢過程中，有一個很重要的技巧叫做「打蛇隨棍上」。「打蛇隨棍上」的原義是說：當你拿一根棍子去探蛇的時候要小心，一不小心，牠就會上來咬你。可是……反過來看，假如你是蛇，有人要來打你，你要怎麼辦？你當然不是跑給他打，你只要盤著這個棍子就上去了。

今天收你利息的人是不是要打你？你如果盤上去，他就沒有辦法很痛的打你，他只能揮動棍子讓你有不安定感，卻沒辦法遠距離的打你，長棍子一定要有很大的迴轉半徑才能施展、作用，如果你們兩人是抱在一起，對方拿再長的棍子也打不到你。

所以，在跟人家借錢的時候，請當那條聰明的蛇，對方放下什麼棍子你就順著什麼棍子爬上去，他如果沒有拿棍子，你就盤他的腿，他伸手你就盤手，借錢就是要這樣。

作為一條蛇，要冷血一點、要做到七情六欲不上臉，明明知道他要賺你利息，明明知道他編的那個理由真的很牽強，還是要處之泰然。

◎七情六欲不上臉

我有一個朋友曾經跟我編過這樣的理由：我跟他借兩百萬，他說他沒有，可是我怎麼看這個人都有兩百萬，於是我就告訴他，我這筆錢要用的時間很短，因為我不想出面去借高利貸，免得惹上無謂的麻煩，但是我願意付高利貸的利息。

可是，你不能在講完這句話之後就問他：「那你現在有沒有？」所以我只請他幫忙問一下有沒有其他朋友可以借我？接著，我就聽到電話那頭傳來：

「嗯，看情形你真的很困難，我幫你想想看，等一下再打電話給你。」

過了一會兒，他果然出現了一個朋友，剛好可以借我這兩百萬，而且要收跟高利貸一樣的利息。

我還曾經碰到另一種借錢的狀況。對方明明是個放高利貸的，但他卻用一種朋友的表情面對你。

◎閉上雙眼，通常才知道顏色是什麼。

當時，我們約好一起吃頓飯。

G：「借這樣一筆數字，要有抵押耶。」

曹：「我有，我別的沒有，我有一大堆珠寶（說著，拿出一堆珠寶），這樣夠不夠？」

G：「夠了夠了……」

曹：「那這個利息？」

G：「沒有關係，既然是@@@介紹的，我們就交個朋友。」

於是，他拿到那批貨，我借到那筆錢，至於那頓飯，當然還是我搶著買單。如約還錢的那一天，我是不是應該把珠寶要回來？別天真了，對方後來跟我說：

「欸，這一樣珠寶我很喜歡，你可不可以讓我留下？」

你知道那利息有多高？於是，我就很開心地送了一樣珠寶給這位不願收利息的朋友。

◎儘量只用一個數字往來

在此，提醒大家一下，如果你是一個數字白癡，就「缺多少借多少」。就是在兩個人交易的過程當中，只用一個數字往來，千萬不要把自己搞複雜，如果你不確定自己有那麼靈巧、反應快、喜怒不形於色，明明心裡知道對方是個放高利貸的，卻還不會顯現出

來，心裡也沒有一台計算機，那就切記只用一個數字：

「我少三十萬，跟你借三十萬好不好？那我三個月後還你三十萬，或者，以後每個月還你十萬元。」

這種算術會嗎？如果會，就用這種方法借，千萬不要跟人家問笨問題：「那你利息要算幾分？」你可以換個說法：

「欸，我跟你借三十萬，你要不要收利息？」

「你多少要給一點。」

「那你看要給多少？兩萬元好不好？那，你現在先給我二十八萬。」

保持清楚、簡單、扼要的原則。沒有那個屁股，就不要坐那麼大張的椅子，不要每個人都拿著我的方法去跟人家開口，到最後帳都算不清楚，人家要你簽本票也簽。

◎盯著一個字看很久，會越看越不認識，看人也一樣。

很多事情是很容易拆穿的西洋鏡，可是有沒有必要點破?你是一條蛇，盤棍而上之後，有沒有必要咬對方一口?沒有必要。請千萬要做一條蛇，不要當蚯蚓，你當一條蚯蚓盤棍而上，對方也沒有當你是什麼，如果我們今天拿一根棍子去打蛇，然後那條蛇盤住你的棍子之後定住不動了，你敢不敢小看牠?一定不敢。

請當一條會借錢的蛇，這個形容似乎有點殘酷，可是真的必須如此，當然，蛇怕打蛇人，可是你也要讓打蛇人怕蛇，不是保持純然的弱勢就好，打蛇人如果不怕蛇，他不必拿那麼長的棍子，如果借你錢的人不怕你跑掉，就不必要求抵押，要求利息，要你開本票。

借錢，要有「三不怕」

借錢跟臉皮厚薄、丟不丟臉無關，它只是一個清楚的往來。借錢，要有三不怕：不要怕時間不對、不要怕借過不能再借、不要怕因為沒借過而不借。

我碰過一種借錢的人，在對方還沒拒絕他之前，就先拒絕了自己，這樣的情形你一定不陌生：

甲：「曹先生，對不起，我想跟你……跟你……」

乙：「怎麼樣？手頭有問題是不是？」

甲：「嗯，嗯，對……」

乙：「嗯，我現在正在開會。」

甲：「好……對不起，謝謝！」

人家都還沒講下一句，自己就先把電話掛了，然後自言自語：「我今天沒辦法跟這

◎小腳趾的用處是什麼？你的用處呢？

個人借到錢了。」很多人都這個樣子，這要能夠借得到錢，我也很奇怪。還有，你信不信？只要時間不到，你就是借不到。時間不到會有兩種情況：一是，你不急；一是，對方也不急。

「我跟你講，我要五十萬，但是……不急啦！」

「什麼時候要用？」

「六個月以後。」

如果是這樣，對方怎麼會借你？還有一種情況也容易搞砸：

「我現在要跟你借錢。」

「借多少？」

「借八十萬。」

「什麼時候要用？」

「下個月。」

「那你到時候再跟我講嘛！」

對方會因為這樣提早準備？不，他會提早準備閃開！所以時間沒到怎麼借錢？有沒有人一個月之前就開始付利息，把它先借來等著？當然沒有。所以，時間不到，你不會理直氣壯；時間不到，人家也不會接受。

借錢跟臉皮厚薄、丟不丟臉無關，它只是一個清楚的來往。借錢，要有三不怕：

一、不要怕時間不對！

二、不要怕借過不能再借！

三、不要怕因為沒借過而不借！

這三不怕歸納出一個結論：任何對象的任何時間，你都可以開口借錢。

◎大年初二的兩百萬

有一年，我回新加坡家中過年，心裡一直惦著初四的一張大票子還沒有著落。除夕當晚，我和夏玲玲還有兩位來拜年的員工照樣打麻將，隔天，我還帶了家人去拜年。一天過了，我心裡一直在想：

「有沒有人會在大年初二借錢？應該沒有，那，這時候該跟什麼人借呢？」

長久以來，我儘量壓抑這個部分不讓家人看出來，每次只要我突然走到一旁講電話，夏玲玲就絕對不會跟過來，那天，看我在陽台裡踱來踱去，她就知道我一定又在煩。

過年期間打電話給你常常借錢的人，除了拜年，其他不要開口，否則，你全年都在跟他借錢，而且，在新的一年裡，你也沒有機會再跟他借錢了。這時候怎麼辦？要還沒有借過的人試試，反正大不了借不到、反正名單上頂多少一個人，為什麼不試試看？

◎牙刷是最委屈的，它永遠在你最臭的時候碰見你。

當時，我就真的這麼做了。

我試的第一個人，就是從來沒借過的人，理應借不到，但出乎意料的，大年初二，在新加坡家中的陽台上，我透過電話，借到了兩百萬！還請對方在大年初四銀行開市的那一天，將錢匯進我的帳戶裡。那個人，我也只借過這一次。

L先生，謝謝你。

◎陌生長輩的四百萬

一九九六年，我隨著新書《少年真好》到新加坡做宣傳，出這本書的時候，我其實已經開始在借錢了（嚴格講，寫《結婚真好》是最後一次沒借錢的輕鬆狀況）。

在我要出發到新加坡的那一天，我的銀行缺四百萬，我就打了幾個完全不可能的電話，要上飛機前，還不忘告訴身旁幾個可以說的人：

「我知道你幫不了忙，但是我現在缺四百萬，你幫我想想好不好？」

你知不知道，有時候人是這樣的動物？危急時就隨便找根木頭抓一抓，到後來連木頭都沒有的時候，就隨便找一個很像木頭的東西抓一抓，所以，我就打了幾通這樣的電話，然後人就飛到新加坡去了。

從機場出來後，我趕到一間旅館參加記者會，這個記者會是由幾個台灣知名作家聯席座談，包括張曼娟。但在座談的途中，我不停地撥打電話，因為我當天就要四百萬，

錢沒軋到，企業要垮、聲名要倒，在那些日子裡，每一天都是相同的畫面，不管我在忙些什麼事情，心裡的緊張都一致：我會不會就垮在這裡？垮在今天？

當時一直沒有著落、沒有下文、沒有進展。

我記得那個活動從下午一點鐘開始進行，到了兩點鐘左右，我的助理到我身旁跟我咬耳朵，在我抓到的那幾根看起來不像木頭的當中，居然有一根假木頭的朋友，他有一個長輩曾經在某一個時刻看過我某一次的表演，他深受感動，聽說要借錢的是我，他願意幫我的忙。

於是，我就開始不停地上廁所、不停地離開座談會的座位，到旅館櫃台去借紙、借筆，在那邊奮筆疾書，一會兒又回來繼續侃侃而談；談了二十分鐘左右，助理又跟我眨眼睛，於是，我又走出去，一下子寫字、一下子收傳真。

我當時在做什麼？我必須把我的親筆借據傳回台灣，讓這位長者看到，這位長輩在收到我的傳真後，跟我做了一次確認，半個小時後，四百萬進了我的帳戶，那天的支票輒過去了。然後，我也很開心地把當天的活動做完。

這位長輩，我們一直都還有聯繫，在後來二、三年當中，他幫了我非常多次的忙，但是他一直對我非常尊重，我想，我的表現也始終沒有讓他失望，一直到今天。

他是W先生。

◎要先成就自己，才能榮耀別人。

◎東北方的三百萬

我一直有替我做心理建設的人，我的周遭總會有人莫名其妙地說：

「欸，不要擔心，今天你的運氣會很好！」

諸如此類的話，你信也好，不信也罷，總而言之，多聽一、兩句這種話也沒有壞處。有那麼一個早晨就是這種情況，那時有旁人告訴我：

「哇！你今天的吉利方位在東北方，吉時是下午的三點十五分，你想想，你東北方有沒有認得的人？」

當天中午有一個活動，一直到活動結束我都沒有借到錢，我需要三百萬，到了下午兩點鐘，我仍然沒找到。

我的辦公室在忠孝東路四段，東北方是松山地區，我在那裡沒有認得半個人。當時**TVBS**還沒搬到那裡，那裡也沒有什麼傳播單位，唯一有的是中視，可是，我好像也沒有認得的人在中視……，電話簿徹頭徹尾翻了好幾遍，就是沒有找到半個我可以開口的人（那時，我每天都在做的事情就是「翻電話簿」，找可以跟誰借錢？把從第一頁借來的錢，還給第三頁的，再把跟第五頁借來的錢，還給第一頁的……）。

那天，在完全沒指望的情況下，我打給一個我認為沒指望的人，他跟我說：「我沒錢，但是，我現在到新的公司任職，或許，我現在的老闆會對這件事有興趣……」人在

熱鍋上的螞蟻階段，你會不會跟他說「不用了」？當然不會！我就麻煩對方幫我試試看。

這個人姓黃，是一位製作人，他沒有錢，可是我怎麼會想到打電話給他？我到今天也想不出來。這犯了借錢人的大忌，明明知道借不到錢，就不要讓他知道你要借錢！可是……我在犯忌的情況下居然一忌而通，怎麼會這樣？

兩點五十分，這位製作人打電話告訴我，說他老闆願意跟我碰個面，考慮借錢給我。

「你們公司在哪裡？」

「我們公司在忠孝東路六段。」

我一聽，忠孝東路六段在忠孝東路四段的東北方！我二話不說，下去開了車就往那裡殺過去。

我到那裡跟他老闆談所有的可能性。當然，因為我是曹啟泰；當然，因為我有可能跟他所從事的行業產生關聯；當然，因為無限的可能……，可是無論如何，人家也可以否定這個可能，而不認為這是他一定要借錢給你的理由。他要我簽的借據，我全部都簽下來，我也在上頭註明：

「如果我還不起錢，我就為您免費主持＊＊個小時。」

◎虛榮，是一種安慰；安慰，是一種躲避；躲避，是一種舒展；舒展，是一種虛榮。

然後，在對方開那張三百萬支票的同時，我打電話回公司，叫我的會計騎著小摩托車趕快趕來。

她趕到的時候已是三點十分，因為那是轉帳來不及的情況，所以她拿到這張支票後，就趕緊下樓跑到銀行領現金，領到現金後，再往我們的銀行趕，途中，還打電話給我的銀行說：「請稍等，錢正在來的路上，因為曹先生在錄影，沒空簽字。」

當她告訴我，銀行已經同意等，她已經在銀行的門口，準備把錢送進去時，我一看錶：三點十五分。

謝謝你，W先生。

◎小歪的一百萬

跟小歪發生關係是在一次「電視聯合國」的錄影。那一集的特別來賓有一整排，小歪（張永正）是其中一個。

我還記得是在華視的老一號攝影棚，舞台的正中間還有一個時鐘，開場時，他就站在我身旁，當時我們還在做**Stand by**，錄影還沒有開始，還沒有讀秒，我卻突然回頭問我的特別來賓：「你有沒有一百？」

其實在預備錄影的人，都會故意讓自己很活潑、很興奮，也常常言不及義，所以，當我莫名其妙地問他有沒有一百？他對著我笑：「啊，你說什麼？」我又重覆問了一

遍。

他說有，然後就從口袋掏出一張一百元。我說不是，接著又問了一次：「你有沒有一百萬？」他愣了一下。

「你不是在開玩笑？」

「真的。」

「誰要的？你要嗎？」

「對。」

「真的嗎？」

「真的。」

這時，導播忽然在前頭喊：「五四三二一……」我們就開始錄影了。

一陣風花雪月、胡言亂語後，十五分鐘過去了，再看看時間，三點了。我心裡知道我還缺一百萬。

「小歪，你有沒有一百？」

「你是認真的？」

「對，我不是開玩笑的。」

「有。」

◎為什麼會說話？為什麼自己那麼會說話？為什麼自己總必須在那麼多時刻那麼懂得會說話？以至於，錯過那麼多無聲的美好。

「好極了。」

這時候，導播又開始讀秒，又開始錄影了。我們又錄了一段。三點十五分，那段錄影結束。在停機的當口，我趕快催小歪。

「那趕快啊！」

「什麼趕快？」

「借我一百啊！」

「你什麼時候要？」

「現在啊！」

「你現在要？幹嘛？」

「軋錢啊。」

說著，我們倆就一塊兒抬頭看著前面的那個大時鐘：三點十五分。

「你在開什麼玩笑？那你還在這邊錄影？」

「要不然怎麼辦？我當然要錄影。」

然後，那一小段錄完，我們兩個就趕到外面去。

小歪當著我的面，打電話回他公司，我也當著他的面，打電話給我公司的會計，請她到小歪的公司去拿那一百萬。然後，我們兩個人又一塊兒回到攝影棚，那一天的票就軋過去了。

我跟陳昇是怎麼借的？是他到一間Disco演唱，唱完歌的後台。

所以，借錢沒有一定要挑時間、場合、氣氛。要渾然天成。

當時我有很多的場合、機會跟一些院長、高官、名人在一起，我為什麼不能跟他們開口？在我已經開口的人當中，有很多都是名人，所以，有誰是不能開口的？沒有。

◎牙刷是最委屈的，它永遠在你最臭的時候碰見你。

利率排行表

千萬不要以為不必付利息是一個好消息，你或許會欠下還不完的人情債；借錢給人也一樣，「不拿利息」就是把單純借貸關係複雜化的惡兆，萬萬小心。

工欲善其事，必先利其器。這個「器」字，可以是具體的工具、也可以是心中抽象的技巧。想借錢的人，如果沒有數字觀念、數學不好，誰敢借錢給你？在借錢的過程中，有很多關鍵時刻是半點遲疑不得的，稍一猶豫，不是洩漏出你的算計，就是凸顯了對方的心機。能不能給「借錢」這件殘酷的事披上情誼的外衣，或慈善的色彩？這會直接影響到結果。

所以，你的數學如何？心算如何？借貸觀念如何？夠快嗎？夠不形於色嗎？快練練吧！

◎怎樣就算高利貸？

很多人連標會是怎麼回事情都搞不清楚？什麼叫做三分利都不知道？這樣很容易讓願意借你錢的人感到害怕，如果不能隨機應變，最起碼你在開口錢要有心裡準備：「我預備用多少代價取得眼前的週轉？」、「最上限是什麼？」、「多少是佔了便宜？」

心中一定要有定見。除非，你是我。

千萬不要以為不必付利息是一個好消息，對雙方都一樣。連放在銀行都能有蠅頭小利，人家幹嘛要背負損失來幫你？你或許會欠下還不完的人情債。借錢給人也一樣，堅持不收利息就好像鼓勵人家「欠著別還」、或「下次再來」、或「你沒有金錢觀念，單純好欺負」。

總之，「不拿利息」就是把單純借貸關係複雜化的惡兆，萬萬小心。當然也有例外——對方是你的家人。還有，你要先定位你心中的高利貸。多少算高？在台灣，我的標準如下：

- 友情型：是朋友才行。沒有抵押的情況下，拿你三分、利息連本期末還。
- 新來往型：一個小心的人。需要支票抵押，也拿三分、利息連本期末還。
- 新來往計較型：利息會是未來持續來往的關鍵。他要求先開票、利息三分、先扣利息、票分開開。
- 職業友人型：你別擔心他會算錯，而且以後儘量別碰。需要物件抵押、票至少分

◎不曾經揮霍的人怎懂滿足？

成三張、日期押同一天或比鄰三天、利息先扣、支票第三者背書……。

●老友型：低於三分，無抵押，支票後補。

●高利貸：五分或以上。勸你非必要別傻了。

●貴人型：真正協助我最大的，與利息無關。對於這種借貸關係，你會樂意用有生之年的任何形式償還，而貴人也期許你再一次的重生。

不管你現在所處的困境讓你沈淪到哪一個層次，都請你耐心等候、堅忍不拔、絕不放棄，一直到老天認為你受夠了教訓，貴人就會出現。**老天從未曾放棄人，都是人們放棄了自己。**

◎各式各樣高利貸

在這些年間，前述的所有情況我都遭遇過，會保持大量往來的情況多半都是介於一分到三分的利息。也有一些只發生一次、也幸好只發生一次的。

◆不要利息

借一百二十萬，一個月，不要利息，但拿走了一件值二十五萬的珠寶……算一算，那幾乎是二十分的高利貸。

◆高利貸

借七十萬，真的職業放利息的朋友，十四分利、七天一期，我借了兩期，只此一次。

◆買賣成仁義還在

用節目合約作為保證的那次，雙方都沒說，其實是高達十五分的利息。因為是朋友，還是心照不宣——直到今天。

◆友情五分利

這就不勝枚舉了，通常用在緊急或缺臨門一腳，對方舉棋不定，正考慮該借不借的當口……。

◆汽車借款

一百六十萬，月息四分，月付六萬四千，要月頭先付（我居然借了九個月……）。

◆當舖

算了，拿去就忘了吧。

你這一生有沒有借過錢？如果沒有，我一點都不恭喜你，除非你仔細看到這個章節、而且深深做完後續練習。

◎虛榮，是一種安慰；安慰，是一種躲避；躲避，是一種舒展；舒展，是一種虛榮。

以下是一張你在開口之前應該要搞清楚的名詞清單：三分利、內標、外標、先扣利息、期末連利息、退補（票據法改了後沒這玩意兒了）、註銷、拒往、背書、畫線、交換日、高利貸、電話轉帳、ＡＴＭ轉帳、電匯、劃撥、帳號（含空白碼、分行代號）、託收、單利、複利、展期、現金票、期票、空白票、無效票……。

別以為你不是學財會的就不必懂這些，如果我管教育，我會把這些列為國民教育的基本必修課程。

人生這筆帳

我的主持功力其實不是在主持節目，而是在主持我的人生，它幫助我度過了最困難的這些年。你很難用同一種方法處理所有的狀況，這一路上有各式各樣的人，我將他們當做不同節目裡的來賓來主持。

在我花了這麼多的篇幅去談「借錢，一個多麼高尚的行為」之後，我不是要鼓勵大家去借錢，而是要有借錢的能耐，那是一個等級很高的藝術層次，它結合了智慧、反應、談判、迂迴……所有最重要的生活技能在裡面。

我在主持方面的才能，大量運用在實際生活上，今天我去任何一個場合，都有辦法導引現場談話的氣氛，讓整個狀況慢慢推向「閒雜人等請走開，我要跟老闆談事情」，最後，旁邊的人都會識趣地以為有重大的事要談，而且連老闆也接受有重大的事要談，他認為是一個利多的好消息，等所有人走開之後，我就有辦法讓對方感受到我的利多，進而願意給我這一個階段的支持。

◎送你一支煙，讓你看見一片青雲直上的未來。

所以，我的主持功力其實不是在主持節目，而是在主持我的人生，它幫我度過了最困難的這些年。

◎天啊，怎麼會有這種事？

前幾年，我常在軋錢軋到痛苦不堪的時候，很氣那些欠我錢沒還的人，這輩子，他們是不可能用另一條命、另一張臉、另一種身份跟我重新發生關係，可是他們竟然只想跟我這個人交往到那裡就算了！我覺得好可惜，至少，我沒有對別人這樣，我沒有只以當時的得到為滿足，而毀掉一段情誼，可是那些人卻這樣對我：劉建廷先生，趙宗熙小姐，吳惠仁先生，林文賢先生，許文聰先生，洪秀珍小姐。

其中有一位先生最誇張，欠了錢後就避而不見，遠走高飛，隔了約七、八年，卻忽然主動打電話來，劈頭就問：「你有多少經費？要不要我幫忙？」因為他在報上看到「曹啟泰要去參選國代」的玩笑話（因為他有在搞樁腳之類的事），對於欠錢一事，他竟隻字未提。

還有一個後生晚輩也很離譜，當初天天拎著水果來探我的班，不斷跟我說「他是年輕人，他很想要去奮鬥，但是需要一筆資金……」我就幫了他，結果卻石沉大海，不見

人影！

我的想法其實也簡單：一是，你乾脆從此消失不見；一是，很可惜，說不定將來我還能夠幫得上你，而你，竟然把這個交情這樣用掉。

後來，他又回演藝圈做電視，這個圈子哪有我電話打不到的地方？當我找到他時，他嚇得半死，我要他馬上來見我，他還跟我推託他的老闆要跟他開會，結果，我電話拿來跟他老闆借了這個人幾分鐘（他老闆以前還是我的屬下），沒幾天，就逼著這小夥子把錢還出來。

我比較在意的是「不聞不問」的態度，我不喜歡的是「沒有感覺」，我借錢是一種感覺，你還錢是一種感覺，你不聞不問就是我的感覺沒了下文，在這種情形下，我就會逼對方還錢。

另一個例子是，我借錢給對方，他忘了，我也忘了，一年後才想起來，人沒找到，算了；隔了一年又想起來，我去找他，他還了一半；然後又隔了一年，忽然想起，再請他將另一半還完。這個人還是我的一個好朋友，也算是圈內人，而且是幕前的人。

◎為什麼會說話？為什麼自己那麼會說話？為什麼自己總必須在那麼多時刻那麼懂得會說話？以至於，錯過那麼多無聲的美好。

另外有一種人，借錢之後也走了，可是我不怨、也無所謂，只耽心他的安危。在我經濟狀況非常不好的時候，有一位過去的員工打電話給我，說他急需一筆錢，他當時是為了處理家裡的一個意外，所以才找我幫忙，我沒有錢，但我去多借了一筆錢給他，而且是用滿高的利息借的，他如約付了三個月的利息，半年後，寄了一封信給我，再過一年，就沒消息了，我都不知道這個人現在在哪裡？

對他，我只有擔心。因為這個人很內向。我一直在幫他揹那個錢，揹了很久，我擔心他自己內疚，不好意思面對我，就不見了。

Jeffery，你在哪裡？

◎當曹啟泰是缺錢的名主持人……

我曾經在台北某個電台裡，巧遇高雄某一個電台的年輕袁姓老闆，當他一聽到我說「我的生意進入了一個危機……」臉色馬上就變了、瞬間就三緘其口。

我心想：「有必要這樣嗎？」

怎麼一副……好像突然看到一團爛泥、一坨狗屎，腳就縮回去？那我就很確定，他五分鐘前的熱絡只是因為我是「曹啟泰」，可是，當這個曹啟泰是一個「缺錢的名主持人」時，對方就怕了，由此可見，他看到的是一個缺錢的名主持人，所以，我也可能是任何

人，那表示：你沒有看到曹啟泰這個人的特質，或看到我，都沒看到。

好好笑。就算不能借錢給我，也不用這樣。

所以，我後來沒有拒絕過人家借錢。其實，很多人跟我開過口，演藝圈裡也有，在我好的那幾年很多，這兩年裡也有。我總覺得，**人家有開口的可能，你就有留下餘地的必要**。

◎借錢給人要因材施教

有些人借錢給你的時候，又要你抵押、又要你低頭、又要寫字據、又要開本票，本票開完了還要支票，然後還要拿利息，像這種類型的就很「機車」，彼此之間會剩下來的情就很少很少很少；還有一種人，你要開支票給他，他都說：「不用，時間到了還我就好了。」

以上兩種情況真的差很多！

所以，我一直在強調：借錢這個事情是一個「對應」，你是一個什麼樣的借錢的人？你碰上一個什麼樣要借錢給你的人？你們之間就有了不同的處理方式。

前面提到的那種很機車的人，或許，他這麼做是明哲保身，以防萬一。我如果是

◎滿足與不滿足之間，只是一次深呼吸。滿足，來自於有空思考；驕傲，來自於思考之後無憾。

他，我就會看人，我會因材施教──因借錢的人不同，而給與不同的條件跟對待。人都是求投資報酬率，你借一筆錢出去，你要得到的是什麼？你是要本金回來？還是要利息回來？還是要一個人情？還是統統有？

有些人，既可以借錢給對方、得到對方的利息，又獲得對方的尊敬，最後對方還欠他好大一個人情，何樂而不為？

如果，有人覺得我是那種需要那麼「機車」地對我，我會覺得他一定是用一種方式在處理所有的人，這就有點可惜了，因為我本來會覺得我欠他一個好大的人情，我都不要抵押，不要其他什麼東西，我的一句話勝過很多，何必用那些繁複的方法把感覺統統用光了？

那，第二種人我就會替他緊張：

「欸，你只能對我這樣耶，你不能在借錢給人的時候統統都說沒關係，支票也不用開，時間到還了就好……」

因為我很清楚，不是每個借錢的人都跟我一樣，我雖謝謝他看得起我這個朋友，但同樣會替他緊張。

你看，是不是什麼樣的人都有？你很難用同一種方法處理所有的狀態。

◎借錢借到變成老師

有沒有辦法借錢借到人人尊敬你？那真的是一個很高的境界。

當你借了很久的錢，借到所有的人都知道，那表示你有很多管道、你有很多朋友、你有良好的往來、你有很好的信用，所以你不會倒；明明你很困難卻又一直不倒，所以你很有辦法。

你知不知道什麼人會尊敬你？

1.借錢給你的人：

借錢給你的人會尊敬你，因為他覺得你很有辦法。你跟他開口借三次，其中有二次不行，你還可以從別的地方再轉回來，他會尊敬你。

2.想要借錢的人：

同樣想借錢的人，他會特別尊敬你。我就曾接受過這樣的尊敬，有很多人來找我，他們知道不能跟我借，但是他們問我：能不能幫他們去借？後來我介紹他們去跟誰借錢。

借錢借到變成老師，也是一件有趣的事，更何況我說過，這是朋友之間最高尚的情操，如果我可以在這件事上當老師，那是很愉快的。

我從不困難的時候跟人家寅吃卯糧，到困難的時候跟人家調度過日，這中間過程長達十幾年，我一定要告訴現在所有有困難的人：絕對不要喪氣！因為，我都能借那麼久

◎有知的活，是最大的富足。（二○○○年十月一日時報五十周年余先生的一滴眼淚）

的錢，而且，我借錢的難度又比各位都還要高。

各位要走進當舖比我容易得多，只有當舖老闆知道你來當過東西，如果是曹啟泰，第二天報紙都登了！後期，當我發生財務危機的事被披露之後，我更沒辦法開口，走在路上，大家都知道我沒錢，你知道那感覺有多爛？

因為學生時代我在辯論界留下了名聲，有很多辯論圈的莘莘學子對我肅然起敬，二〇〇一年我去主持一個辯論節目，還有人對著我喊「戰神」：

「學長，我跟你差十屆，我剛進辯論社的時候，都還傳說著電視上那個人以前在學校的辯論成績嚇死人了！他拿的獎盃現在還放在校史館裡。」

我一直以為這是辯論圈的人對我的眼光，可是有一天，來了一個年輕小孩，對我投以崇拜的眼神，我神色自若地回應他：

「沒關係，要簽名？那就拿來吧。」

「對對對，我想請你簽名。」

「你很確定你知道為什麼？」（我還怕他不知道我所有的豐功偉蹟）

「你了不起，你那時賠了那麼多錢，現在還可以這麼好！」（居然拍著我的肩膀說話！）

當下心裡百味雜陳。

我要去跟人家借錢是一件多困難的事！很多人可能覺得：「沒什麼啊，我們也這樣

過。」但不要忘了，當我發生這些狀況的時候，我還是那個全國高知名度的主持人，問題是難在這裡。

你比我多了那麼多借錢的空間、環境、福利、待遇，你怎麼能夠喪氣、你怎麼能輕言放棄？

能夠維持這麼長的時間，打不死，站起來，打不死，站起來，這就是我為什麼寫這本書的最大動機，這本書如果能夠傳遞一點對我很有幫助的信心、信念給很多人，它才是有幫助的，我只是拿我自己做一個實際的證明在告訴你：

「其實，我不會比你想像得容易，但是，你也不會如你所想像得困難；你覺得一百萬的洞是洞，我覺得一千萬的洞也是洞；如果你羨慕我，我沒你想像的好過，如果你可憐我，你也放心，我沒有你想像的糟糕。」

你跟我都會有一樣的痛，你跟我都會碰到一樣的事情，如果我能夠把我運用在生活當中的這些動力、信念清楚地傳遞出來，我就會覺得那是有幫助的事。

◎能有能力睡滿十二小時是一種多大的榮幸？

曹啟泰的感謝

我的主持功力其實不是在主持節目，而是在主持我的人生，它幫助我度過了最困難的這些年。你很難用同一種方法處理所有的狀況，這一路上有各式各樣的人，我將他們當做不同節目裡的來賓來主持。

我真的借錢借了好幾年。

除了家人之外，我要謝謝身旁的工作人員，每一個人陪我唱戲唱了那麼多年，裡面有那種神經大條的，也有比我還能信口開河的，真多虧了他們。我也要謝謝當時所有被我開過口、卻沒有對外說的人，這裡面有一個人是媒體記者，她一個字都沒說，這是多麼難得！請大家不要再說記者不是好東西，各行各業都有「不是好東西」跟「是好東西」的人。

◎我的貴人們

最後列一張名單。

演藝圈裡，幾乎所有我認得的人都被我開口借過錢；圈外的，只要是我認得的，也

全都試過。我要把在這些年裡，所有曾經借錢給我的人列出來，然後其他的人，我就要說一聲：「你們沒機會了！」借錢給我不是一件丟臉的事，我會還給他們的，會是在光榮的時刻。

◆演藝圈人士

葛福鴻小姐，黃義雄先生，林柏川先生，楊佩佩小姐，禚宏順先生，黃建福先生，周浩光先生，黃連青先生，王鈞先生，高天助先生，傅昶瑞先生（以上全是演藝圈中的知名製作人，排序既非按照筆劃，也與數額無關！）

陳文彬先生（錄音師）

◆演藝圈藝人

劉德凱先生，陳昇先生，張永正先生，歐陽龍先生。

◆其他業界人士

金惟純先生（商業周刊發行人），段鍾潭先生（滾石集團總經理），W先生，G小姐，L小姐，C先生，H先生，L先生，S小姐，C小姐，T先生，H小姐。

如果，此刻有演藝圈的同仁正在看這本書，如果，你又覺得裡面寫的名字你都認得，那就表示：你對這個圈子真的很熟。如果，你覺得有些人看起來跟我很好，但我為

◎不說話的人，是因為他通常也閉上了心。

什麼沒提到他們?或者，我沒有謝謝他們借錢給我?那你應該懂了。

為什麼好像有很多人看起來跟我很好，可是我從來沒有跟他們借過錢?如果，我是一個這麼喜歡跟朋友借錢、而且又認為只有真正的朋友才能開口借錢的話，如果我沒跟你借過錢，我們的友情可能還需要加強。

在我談完我對我所有債主的熱愛，你會不會很遺憾當年沒有機會幫過我?這輩子想要讓我感激的人，機會越來越少，如果我一步步越來越成功，你覺得誰還會有機會，只是用那一點小小的資源交換，就換得我對他衷心而永遠的感謝?

也有一種朋友，感情好到你捨不得觸碰，或是，你深知那份情誼沾不得半個錢字，你會因為捨不得而把他們從名單中排除，就像是——有一位媒體界的徐小姐，在得知我的真實故事後，氣得捶頭頓足，問我為什麼就是不肯跟她借錢?我就說：「我不要!」其實，我想跟她說：「謝謝妳，還好我沒有到要跟妳開口的地步，如果我開口了，大概只是為了要去買結束生命用的工具。」

◎我的軋錢部隊

這是紀念我最艱苦時期，身旁一批出生入死、一心護主的員工。

一邊軋錢、一邊當老闆、一邊是大明星、一邊還要扮演成功者的困難相信各位已經明瞭。但我必須說：我不是靠我一個人就能辦到的。在艱苦的「三點半」歲月裡，我一

共創造了七百多張支票退補的記錄。（給看不懂的人：這是說，我開出去的支票，有七百張因為存款不足遭到退票、又能夠在七天之內補足款項而註銷退票，並且不留下記錄。）說也奇怪，總是要這樣退退補補，彷彿上天認為不如此不能讓我印象深刻。

在這個煎熬的過程裡，一定要有足夠可以信任和依託的人，他們不僅是幫手、是援助、更是依靠。

我有兩名會計人員：戴姐和小兔。

戴姐是一位直到今天這個時代都還堅持只用算盤、每一張單據都一絲不苟、每天一早搭公車來、每天中午自己蒸便當吃……不太有幽默感，卻讓你充滿了信任的大姊。她每次看著我，我都覺得像是在面對著我很尊敬的阿媽。她寫字像在刻米雕，每個數字都是千錘百鍊、一算又算，經得起考驗。

至於小兔，她人如其名，從一個初入職場的孩子來到我的公司，每天蹦蹦跳跳，每週犯一次小錯、吵著要學用電腦管理財務報表、每天騎著公司的小綿羊在銀行間橫衝直撞、寫字時下頭要放把尺，每個字都像倒了一半的骨牌斜斜地躺成一串，搞得每個數字都不像你原來認得的那個。（喔，對了，她跟我一樣五音不全，而且比我愛唱，誰也擋不住。）

我還有兩位店長，阿樺和阿介，阿樺精明歷練、阿介憨厚實在。當然，還有一位我

◎接受他讚美的時候，要檢查說話的他有什麼優點？讚美你的人如果沒什麼優點，你也就不必高興了。

演藝經紀的老戰友，CoCo，據說她永遠都很像「億萬富翁」，跟誰說話都直言敢言，包括跟我。

有了這一票軋錢部隊，我無疑安慰許多。通常在一天的早晨，桌上會放著小兔整理好的進出明細，讓我知道這一天要面對的激烈戰況（當然，不是直到那一刻我才知道，只是再度提醒我面對現實）；然後他們大家各就各位，做各自工作領域裡該做的事。這是一天裡的正常時期。除了我以外。

我的例行生活是：起床後先來一杯冰咖啡，然後，看到帳冊開始反胃（是因為咖啡），瀏覽一遍電話本，靜靜等候靈感來臨。約莫到了中午，CoCo會來提醒我中午的通告，然後時間開始逼近，節奏愈來愈緊；在有任何確定的結論前，她們不會有任何人來催我，因為催也沒用。電視臺製作單位倒可敢催我，因為攝影棚裡有上百人在等著錄影。

軋過錢的人都知道，很少有人不需要等到緊要關頭就把問題迎刃而解的；倒不是不懂得未雨綢繆，只是情急智生，好像不是只剩最後一口氣就沒那個膽量開口。所以情況往往變成：

1：30pm

我不得不進攝影棚、他們不得不在原地呆著等候指示。

2：30pm

某一個可能的調錢對象給了某種未必確定的答覆，我一邊錄影，一邊趁空檔時繼續打電話，也告訴她們請準備。

3：00pm

如果好消息來了，她們要在最短的時間裡把我輕描淡寫交待的對象、期間、條件、利息正確精準地準備完成並且取款，然後分配工作：戴姐開票計算利息、小兔起動摩托車蓄勢待發、阿樺打電話給銀行拖延時間、阿介擔任保全、CoCo居中協調調度；如果要軋的票不只一家銀行，情況就更慘烈，騎車的、坐計程車的、開車的、跑步的……她們常常有抱著幾十萬或幾百萬現金在馬路上狂奔、四點半還在送錢的畫面（如果處理得宜，銀行可以等你）……。

通常這一切我知道卻看不見，因為這個時候我應該正在攝影棚裡專心地嘻嘻哈哈娛樂大眾。

每天只要錄影一結束（通常是深夜），我就會趕回公司，開始卸去濃妝、坐回桌前、不用再想、不用再說、不必再笑……接下來，我會打開員工這一天的工作日誌、看各部門的業務報表、批示接下來的行銷企劃、寫出明天的工作指示……在睡公司的那段日子

◎愛，通常是所有情操中，最無聲的一種。

裡，我常瞪眼到天明。

一九七七年，我在住飯店做最後掙扎的期間，當我很確定大勢已去，有那麼一天，大概是接近黎明的時候，我最後一個鎖門離開，然後，站在公司門口瞪著招牌，考慮過第二天不必錄影之後，我靜靜的、靜靜的、完全無聲的、很過癮的，哭了很久很久。

理智的具體事證：考慮過「第二天即使眼睛腫著也沒關係」之後才放聲一哭叫做理智。喔，不是放聲，是無聲，別讓別人聽見了。事後我常告訴自己和人家，**哪個成功企業的老闆沒曾經在自己的招牌前掉眼淚的？**

軋錢部隊早已解散，我心裡的感謝卻沒散。什麼時候我們再來軋軋看？

Part-3

一億六仟萬的課（Darkness & Light）

當所有事業結束之後，
我才重新學會看每一階段的報表。
所有來龍去脈、事情始末，在這時全看懂了。
一億六千萬，很貴的一本課本，
但是很好，而且是自己買的。

原則

很多人都會講一句話：「我堅持原則。」這句話聽起來很漂亮，穿在每個人的身上。堅持只是一種態度，原則才是主體。我的原則叫做——我沒有堅持。

常常可以聽到很多人將「基本上」「我堅持我個人的原則」這種話掛在嘴邊。中國人的邏輯排列很有趣，常常都是聽到前面，沒聽後面，但是，通常兩個名詞相疊的時候，前面的是形容詞，後面的是被形容物，重點是在後面那一個，就像我們說「紅豆粉圓」，它其實是粉圓，說「粉圓紅豆」，它其實是紅豆；當我們聽到人家說：「我堅持我的原則。」直覺反應通常是：「這個人很堅持。」可是，很少人記得問：「那，你的原則是什麼？」

◎我，沒有堅持

堅持只是一種態度，原則才是主體，那麼，我堅持的原則是什麼？我的原則叫做

「我沒有堅持。」

什麼東西都不必堅持，因為一旦堅持，就表示沒有轉圜的空間、表示不能退卻、代表一次把底牌掀開、代表沒有彈性，任何事情都不能喪失彈性跟應變的可能，所以，請不要說你在「堅持」。

很多人都有臭脾氣。成功的人有臭脾氣，大家拍拍手，說：「看，這個人好有原則！」失敗的人有臭脾氣，人家說：「難怪你會垮！」

人，本來就是充滿變數，你在各行各業裡頭都可以碰到像這樣的傢伙，可能……我也是其中之一，在這裡，我就試著打開那個你抱在懷裡緊緊不放的原則，幫你重新做一次整理跟解剖，然後，你再想想：「要不要繼續抱著它？」

你也可以繼續抱著，但是，給它一個新的生命跟解釋。

◎我，不堅持All new for you

很多人喜新厭舊，所以，凡事都要求新：如果不是一張全白的紙，就不願意在上頭寫字，車子要開新車，房子要住新房，開一個店就要「全新的店」，開一間公司就要「全新的公司」。

「二手」跟「全新」的差異是什麼？新，就是全新的；舊，是二手的。因為碰到舊公

◎送你一支煙，讓你看見一片青雲直上的未來。

司就會有「概略承受」的問題，開到二手車也要「概略承受」，交到二手的女朋友你也要承受她前面的戀愛、前面的失敗、前面的回憶、前面的傷痕。很多人因為這樣就跟自己過不去，或跟人家過不去，結果不甚美妙。我們現在就來釐清這樣的觀念。

我告訴大家，**這世上所有的東西都是二手的**。什麼叫做二手？就是人家用過了、拿過了、碰過了，世界上沒有任何一樣東西是新的，你換到的那張新鈔沒有人碰過嗎？當然有。有些人沾沾自喜：「我這輩子沒有開過二手車！」然後以此為原則，緊緊抱在懷裡不放：「我的對象怎麼可以是離過婚的太太？」「我的女朋友怎麼可以曾經是別人的女朋友？」

這些觀念常常害得很多人在很多事上裹足不前。

以車為例，沒有一輛車是全新的，即使你說你買的是一輛全新的進口車，在你買下之前，至少原廠的試車人員早就開過了，運到台灣後，你猜，多少人試開過你的新車？你是多少人之後的二手？所以，下次不要再介意你買的是新車還是二手車？因為沒有人開過新車。買一輛已經上路一年的車，和才上路三天的車，看起來其實沒有差別；如果以雙**B**的車子而言，開了二、三年和才上路第一年的車，看起來是沒有什麼差別。

我自己也犯過這樣的毛病，我曾經有過：五部大賓士、一部積架、一部**Van**、一部**Volvo**、三部喜美、一部**Suzuki**，一直到我全部散盡，才知道什麼都留不住，只留住了自己。

我在二十五歲那年擁有了第一部賓士E型轎車，是白手起家、自食其力的第一份驕傲。

三十歲那年，我第一次用整筆現金買了第二輛賓士，是S型大車：3388（她的名字）。我直覺認為，這是一個向上攀升、永不停息的登頂之路。（後來證明，我想太多了……）

我原本是個「戀物癖」，不是病態的那種，只是會寄情於物，好比：自己以前用過的東西、第一根白髮、孩子的學步鞋、舊日的照片、家人的小字條……等等。我總是「什麼都留起來」「什麼都捨不得丟掉」，以至於東西愈存愈多、博物館愈開愈大間。

對於車子，我的態度也一樣。

年輕的我很容易把車子當成情人，有很多男人好像都有這個癖。所以，我對於後來那輛銀色大賓士情有獨鍾，順理成章把「她」當成我成功的象徵、勝利的符號、豐收的徽記……累積了太多「一輛車」以外的感情。

一九九四年開始作生意起，「她」是理所當然的老闆座駕，我還請了司機（多半是我開，司機坐在一旁只負責找車位停車），後來，「她」是我海外生意夥伴的接送專車；

◎一瞬與永恆，根本是一個字。一瞬總決定了永恆，永恆的回憶只有某一瞬間。

再後來，婚紗店開了，「她」成為新人拍照和婚禮禮車；到了一九九六年，生意陸續結束、每天在街頭橫衝直撞的軋三點半時，「她」是忠實可靠、人車合一的飛車工具；最後，軋不下去了，「她」變成犧牲自己來救我的恩人。

人總有很多的不得已，**3388**進當舖的時候當然也是不得已。

我向來就是個「沒腿的人」，車子可以到的地方我就絕不用走的，從公司到電視臺不到一百公尺，我也照樣開車，加上我向來就是「包裝至上主義者」，要我送「她」進當舖，那難堪的感覺大概只比把老婆推下火坑好一點點而已。一九九六年初夏，一個焦頭爛額的絕望時刻，我交出了車鑰匙，**3388**進了當舖，借到了一百六十萬，撕碎了榮譽、違背了誓言、毀滅了美夢……。

「坐計程車吧」我告訴自己，「下個月就接妳回來」我告訴「她」。

這個承諾實現了一半，我真的接「她」回來了，不過，是在八個月以後。去拿車的時候，用的依舊是借來的錢。在付完一筆可觀的停車保管費之後，我居然就在離我不遠的一個地下停車場中見到了「她」，在一層厚厚的灰下、「她」一點都不像「她」！打開車門的時候，我和「她」都哭了。

那滴淚水終結了我對「物」的感情。「她」成為了「它」。後來「它」多次進出當舖、錢莊，最後是鞠躬盡瘁的直接抵押了一筆款子，我沒說再見。兩年前，我在街頭還曾經看見「它」，說不定，「它」又在為一個昏頭轉向的車主奔波吧……。

現在，我已經完全沒有只開「新車」的堅持，這個迷思是在車子進當舖之後被打破的。到那個時刻我才發現，所有的東西其實都可以捨得，那不叫做「舊的不去，新的不來」，因為東西沒有新的，都是舊的，只是「在你那裡，或，在我這裡」而已，當我需要的時候，就有辦法從你那裡拿到我這兒，這跟錢的意思其實是一樣的。

告訴你這個故事，只是希望你有堅強的意志。心疼的時候，告誡自己別「役於物」，很多人在低潮或挫折時總來那一套「睹物思人」「觸景傷情」，奉勸你用一句「身外物」讓自己釋懷。在艱苦時我們必須更集中心力面對挑戰，別讓感情腐蝕你任何一個細胞。

經過這些年，我現在的感想是：

A. 舉凡錢買的到的東西都不必留。

B. 錢買不到的東西用腦子記住它就好。

C. 沒有「她」，只有「它」。

寫到這裡，哼起了羅大佑的歌：「什麼都可以拋棄，什麼也可以忘記……親愛的莫再說你我永遠不分離。」去改變這個觀念其實滿重要的，當你一旦重新建設了自己對所謂「物」的情感，你就不會再「役於物」，不被東西管，而是去管東西。

◎忽然的事其實從來未曾忽然過。

我甚至希望不要去管東西。為什麼要管呢？你只要用；既然要用，只要夠用就好，不管它是誰的。很多人就沒辦法放下心裡的依賴，對我而言，不管是不是我買的，只要合我現在用，它就是好東西。

這樣的思考會不會讓大家覺得有點共產？不要往我頭上貼標籤，但我覺得，人如果不能夠釐清感情上跟物體間的連鎖性，你就切不斷很多應該捨掉的牽絆。

做生意如此，做事業如此，談判更是如此，你必須把感情的牽絆放棄掉，而這些觀念必須在平常就建立，否則，在臨談判桌談判的那一剎那，你會功敗垂成，很可能就是因為潛意識裡的感情在作祟。

◎我，熱愛二手

在你現在的工作、生活環境裡，到處都是二手的東西。其實，不只二手，哪個東西不是七手八腳？

「我開了一輛二手新車。」對我來說，它就是新的，所以，定義在自己心裡。所有的東西都一樣，感情也是如此。

問問你旁邊的女友：「我是妳第幾個男人？」

問問妳旁邊的男人：「我是你輪到的第幾個對象？」

其實人間沒有新東西，那常常都是一個自己的迷惘，所有東西都是舊東西，從以前到現在，所有的東西都是舊東西。

恭喜新店開張！

「那個地址有沒有開過別的店？」

「有！」

「所以，那個地址是二手地址。」

「沒有，我這整棟樓是新蓋的！」

「那裡頭的磚塊，你確定每一塊都是新的嗎？」

「……」

我們恭請＊＊＊剪綵！

你以為那個大官是第一個踏進這棟新大樓的人？不是，之前的工人已經在裡頭進進出出快兩年了！

我們再來看看：所有建築用的模板，哪一塊模板是新的？你確定裡面每一根鋼筋都是新的嗎？新鋼筋跟舊鋼筋哪一個可以用？都可以用。好了，當這家店開張的時候，你能確定你的裝潢師傅用的所有材料，都是新的嗎？

◎接受他讚美的時候，要檢查說話的他有什麼優點？讚美你的人如果沒什麼優點，你也就不必高興了。

有很多話，我們一天到晚都在聽，但是，你沒有深入去做思考。

當你走進一家古董店，老闆走過來告訴你：「我今天進了一批新貨。」我問你：「你比較喜歡看他進的那批新貨？還是他店裡原來的那批舊貨？」很多人的第一直覺一定是先看看那批新貨，錯囉，那個東西一定不是新的，因為那是古董店；這個東西只是在他的店裡是新的，在其他店裡已經放過一陣子了，而之前在別人的家裡放了更久，這是一定的。過去兩百年，這個東西在哪裡？

有些人堅持不在自己的新房子放舊東西：

「老闆，這塊地毯的中央很乾淨，可是四周很髒，我不要，我這可是新房子，要住在裡頭的，可是我跟我太太這對新人耶！還是幫我們換一條新的！」

「可是……全新的地毯價格貴三倍！」

「沒關係，我們就是要新的！」

當新地毯鋪進來之後，你在那上頭放了一件從古董店那批新貨當中買回來的鴉片床，再放上一張明太師椅，接著又擺了一張花梨木的書桌，那些剛好沿著牆放了一圈。

如此一來，眼睛還可以見到的地毯部分，是中間沒有傢俱的那一塊，然後，你再去打開老闆原來拿的那塊二手地毯，它就只有中間那一塊是乾淨的。

◎我，拒做「感覺很好」的笨蛋

在我解釋完二手的觀念後，再看看以上的例子，是不是有點可笑？

在這整件事中，你為你的堅持付出了怎樣的代價？你的感覺有多好？當我把整件事說明完整之後，你的感覺還很好嗎？如果是，那，我就恭喜你是一個「感覺很好的笨蛋」。

我同意可以花錢買感覺，如果這個感覺可以取得適量的回報、如果這個感覺可以增加進攻的籌碼、如果這個感覺可以擺出談判的態勢、如果這個感覺可以給你一件漂亮的外衣，你就花錢買感覺，問題是……通常這個感覺只有你自己有，別人一點感覺也沒有。

你說：「我喜歡戴一隻好手錶，因為它可以使我抬頭挺胸、志得意滿。」很好，感覺很重要，因為那會在你的臉上跑出來、會在你的眼神上跑出來，所以，你要買一隻全新的好手錶。問題來了，代價呢？是一百元。

我說：「我這邊有一隻二手的，八成新，賣你八十元。」

你說：「**No Way！**」

結果，你為你的堅持多花了二十元。然後，你戴上那隻錶走到別人的面前，一回

◎不說話的人，是因為他通常也閉上了心。

頭，旁邊那個人也戴了一隻一模一樣的！

你問：「你這隻是全新的嗎？」

他問：「你這隻錶第一天戴嗎？」

然後，你就發覺你贏不了人家什麼，最現實的一件事：「他的口袋比你多了二十元！」所以，不要為了那個感覺盲目投資，不要為了那個感覺做笨事情，包括談感情。

有很多人不用二手員工，這也是我聽過最荒謬裡的荒謬，被購併、接手的公司，都會產生二手員工，有的老闆堅持：「我要找新員工，我不要二手員工！我不要接收別人**Pass**給我的員工！」

請問：「你那個新員工，之前在那裡？新員工用到第二天還新不新？」

甚至，有的員工也會堅持：「我不要二手老闆！我本來有個老闆，合併之後公司沒變，但換了一個新的老闆，我不要！」

在現在失業率那麼高的情況下，很多人還有這樣的堅持，這些都是無謂的情感在作祟，你會為這些付出更大的代價跟成本。請放棄這樣的堅持。

同樣的道理可以放到很多事情上面，你不必一天到晚：我堅持這個原則，我堅持那個原則，不能有變化，不能提早，不能延後……那個可以讓你充分規劃生命的時代已經

過去了，請務必讓自己掌握「不要堅持」的原則。

人們常說：「**Happy New Year!**」我後來在那樣的日子裡，不會有特別的感覺。對我而言，已經無所謂「二手」或「新」，每一階段都可以是新的開始。

◎接受他讚美的時候，要檢查說話的他有什麼優點？讚美你的人如果沒什麼優點，你也就不必高興了。

動機

每一個人在做任何事之前，都應該深刻地檢視自己的動機，想清楚你為什麼要？那會決定你從什麼樣的起跑點開始跑，那會影響你後來所有的行為模式。

結婚八年後，我開始想要去做一些別的事情。

那一年，我三十歲，天天都嘻嘻哈哈的，手頭上有三個黃金檔綜藝節目，全台灣有一半以上的人都認得我；摸摸口袋，裡頭老有錢；個人私生活的部分也全弄好了，那個家是我選的、我要的、我結的，一看到小孩：「欸，我的小孩也那麼愛表演！」

當時看起來是小登科：有房子車子妻子兒子，這局面對很多人來說，已經覺得是快到不行，對我而言，根本沒感覺。然後呢？下一步會是什麼？往上還可以踏到哪裡？很難描述。

◎我的極限在哪裡？

我是一個百分之百很會自我合理化的人，所有我要做的事情一定都有道理，所有的

道理我一定會反覆論證，一直到顛仆不破的境界，我通常會把我的想法跟很多人談，當然，也會有人對我提出質疑，很多人會提出反證，我就一一辯駁，一一提出類比，一一提出案例說明，在說服別人的同時，最重要的是在建設自己的心態。於是，我有了充分的理由去做我認為該做的事。

在演藝圈，我只能保持不用突破，我想看下一步是什麼？我想知道自己的極限在哪裡？我要證明自己（**prove myself**），我要往上提昇！

那就是這八年故事所有一切開始的動機。

因為我要證明自己，所以，對於迎面而來的種種邀約我都不拒絕：電台開了、電視做了、雜誌在做、珠寶店也在做……我怎麼會拒絕？我的動機就是要找點事做，我怎麼會拒絕？我也沒有去理解：我到底有沒有處理財務的能力？如何運算？居安思危？都沒有。如果當時的動機是「我要賺錢」，那，結果一定完全不一樣。

每一個人在做任何事之前都應該深刻地檢視自己的動機，在做重大決定的時候，先不要去考慮方法、先不要去考慮準備好了沒有、先不要去考慮資源夠不夠，首先要考慮的是「動機」，想清楚你為什麼要？即便去死也一樣，你的動機是什麼？那會影響你後來所有的行為模式。

◎滿足與不滿足之間，只是一次深呼吸。滿足，來自於有空思考；驕傲，來自於思考之後無憾。

◎動機決定你的起跑點

如果你在憂鬱的情況下跟自己說「我要不憂鬱」，那一定做不到的。你一定要先問：「我為什麼要不憂鬱？」

如果你憂鬱可以幫助別人，又沒有人會傷心，而且還過得很好，那就繼續憂鬱好了；如果你因為憂鬱導致自己落魄潦倒、眾叛親離、民不聊生……那就必須讓自己不再憂鬱，因為：「不能再讓父母傷心、因為好痛苦、因為買不起藥了、因為……」

一定要先找到動機，它比醫學上說的要找到病因還重要。我覺得連醫生看病都要找動機，醫生一定要在這個病患身上找到形成這個毛病的動機是什麼？比如，一個人感冒了，醫生就要開始查他為什麼會感冒？

病患：「因為衣服濕了沒有換下來，所以受了風寒。」

醫生：「下次不可以衣服濕了不脫下來。」

這樣聽起來好像很專業，不，當然不對，他一定要追根究底：

醫生：「你衣服濕了為什麼不脫下來？」（重點在這兒！）

病患：「因為我去游泳。」

醫生：「游泳？一身濕淋淋的你，應該是在水裡才是，怎麼會晾在風吹得到的地方？」

病患：「因為我上岸跟人家說話。」

醫生：「跟人家說話也沒什麼關係，為什麼不先把濕濕的泳衣脫掉呢？」

病患：「嗯，因為我也不認得他，只是剛好在池邊遇到了，如果當時走開了，就沒有機會再聊下去了。」

醫生：「那你為什麼不能等天氣好一點的時候再去做這件事？」

病患：「因為是邂逅、偶遇，沒機會挑環境嘛。」

醫生：「那，那時候是幾點？」

病患：「已經是早上兩點多了。」

醫生：「你們在哪裡呢？」

病患：「我們在海邊。」

醫生：「你可不可以後不要人家跟你搭訕的時候，你就決定放棄一切？你就不會再感冒了。」

一定要先找到動機。

◎接受他讚美的時候，要檢查說話的他有什麼優點？讚美你的人如果沒什麼優點，你也就不必高興了。

此刻正在看這本書的你，有沒有過像我這樣，覺得自己完全打開的時候？不管你的問題是什麼，請先檢查動機。如果，你現在要出國去求學，你的動機是什麼：逃離家庭？放寬視野？自我挑戰？在職進修？出去走走？請先檢查一遍你的動機，那會決定你從一個什麼樣的起跑點開始跑。

手氣

當你有了動機要去做任何一件事的時候，接下來，你就需要手氣，手氣是一個幫助人的東西，不管是幫助你成功還是幫助你毀滅，它都是「幫助」的東西。

現在，拿出一枚銅板，心裡喊著正面或反面，把它丟上去，然後打開看看，連續中五次，手氣很好喔，很難，但是手氣很好。

當你有了動機要去做任何一件事的時候，接下來你就需要手氣。

◎我的手氣好到不行！

我的手氣非常好，在當年有了動機去要做這些事的時候，手氣就開始非常好，這裡頭正面到什麼程度？

◆第一枚銅板：么兒曹容瑑

我和夏玲玲做試管嬰兒的手氣很好。

◎送你一支煙，讓你看見一片青雲直上的未來。

那時，有一位知名女記者躺在我太太的隔壁房間，她已經試了好幾次，每次做都要臥床很久，可是一直沒受孕；我們還有另外一個很好的朋友，不知道已經做第N次了，花了很多錢、服了很多藥，最後一次終於成功，醫生囑咐她要保持平躺十個月，一直到生，她在第六、七個月的時候，因為想拿床邊的水喝，又不好意思麻煩別人，就決定自己來，誰知，腳才剛著地，小孩就流掉了。

我們只做了一遍，夏玲玲就有了，然後就一路平安地生下曹容璿。

◆第二枚銅板：年度暢銷書《結婚眞好！》

我寫書的手氣也很好，說寫就寫，一寫就中，它不要大賣也沒事，可是，這本書竟衝上暢銷書排行榜！

◆第三枚銅板：《結婚報報》得來全不費功夫

當我想要辦一本雜誌的時候，突然就出現一個老同學，一個你信得過的人，本身又是做這個的，我不用自己重新開發，他一切經驗都有，他已經做了一半了！如果是你，要不要做？全部都是我要的正面，當然要做。

◆第四枚銅板：巧遇巴西珠寶大王丹尼爾

要開珠寶店也是正面。

當時珠寶業界一直傳說：「曹啟泰那個冤大頭，不知道花了多少錢才拿下巴西最大一家珠寶商**Amsterdam Sauer**的獨家代理權……」其實，我一毛錢也沒花，我是因為跟著「連環泡」製作小組到巴西出外景，才偶然地認識該公司的總裁**Mr. Daniel Andre Sauer**。

我們一見如故，半年以後，我就拿到那張獨家代理合約。後來，他人從巴西飛過半個地球來找我，希望跟我合辦珠寶展，貨由他們做，場面我來負責。他為什麼不去找其他已經開業、規模較大的公司？他就一定要找我？你說，我手氣好不好？真好。

當時的手氣好到，我做夢夢到一個珠寶櫃的樣子，醒來後我就畫了一張草圖，正在想：「什麼地方有人在做這個東西？」就有人來告訴我他認得一個很會開模具的人，然後我就把草圖交給那位師傅，一個星期後，對方就請我過去看那個：上下兩截可以分離，下面是底座，上面是一個鑽石形狀的玻璃櫃，前面抽屜可以拉出來，裡面有兩個小珠寶燈，上下有暗櫃，下頭有底光，上面有正光的珠寶櫃。

那個珠寶櫃全台灣只有我有，我總共做了三十個，剛好就在巴西人來台灣做珠寶展的場合派上用場，上面刻著我們的**Logo**。

手氣好不好？真好。

◎不說話的人，是因為他通常也閉上了心。

★★★★★

◆第五枚銅板：媒體資源左右逢源

既然雜誌社有業務部在收廣告，那，跨媒體的聯賣是不是對業務的推廣更方便？這叫多功能平台整合（**the only Solution**），因為電視的資本比較龐大，那我就開廣播節目好了，於是，我成立了「伉儷傳播公司」，包下時段做電台節目跟業務，跟我的雜誌聯賣。

當時，一切心想事成，需要傳媒就有傳媒，需要什麼東西它都適時出現！

這樣一路聽下來，好像我一直在告訴所有人，我應該要做過去八年來的事？對，因為無悔。所以，我到今天一直都還很積極、一直都做正面思考，即使，每個人都已經知道結果了。這就是電影好看的地方，你明明知道「鐵達尼號」最後是沉了，還是要看看它前面有多風光。

◎盡人事，聽天命

當你要做任何事情的時候，當你的當動機已經確認的時候，請試試自己的手氣，先看看幸運之神有沒有在你視線所及的地方？你不用抓得住祂，你只要確定祂有沒有與你同在。一直到今天為止，你有沒有體驗過什麼叫做左右逢源？什麼叫做欲罷不能？什麼叫做風生水起？

手氣是一個幫助人的東西，不管是幫助你成功還是幫助你毀滅，它都是幫助的東西。

如果，你現在看這本書看得頭昏腦脹，我覺得，你沒有必要把它看完；如果，你看了之後，覺得它對你有影響、有幫助，你也不必謝謝我，那是我們剛好在某一種磁場上可以交流，那是你的運氣！

老實說，看完之後對你有影響，你會不會繼續去做？重點還是在於你能不能夠轉折跟發揮，我能做的已經做完了。

在你周邊的很多時空裡，都有這樣的面相存在。我們身邊存在著許多不同的人，有很多人問我：「貴人在哪裡？」我都回答說：「貴人都在你身邊！」只是……你自己有沒有保持敏感？在碰到時有沒有盡力去交往？有沒有努力去跟對方產生火花？有沒有想到拿起來用？有沒有？

那跟談戀愛一樣。

好多人問：「戀愛要怎麼談？怎麼我老是找不到對象？」

真的沒對象的人，我問你：「你身旁有沒有任何一個你喜歡的性別？」你喜歡男的你就找男的，你喜歡女的就找女的，你喜歡不男不女就找個不男不女的，你旁邊一定有一個這樣性別的人，你就試著去跟他（她）談戀愛，如果你找不到對象，就試著去跟他談。

你就走過去說：「我愛你，我好喜歡你。」然後看看結果會怎麼樣？可能會有幾種

◎一瞬與永恆，根本是一個字。一瞬總決定了永恆，永恆的回憶只有某一瞬間。

情形發生：

1.他拒絕。然後你叫做「單相思」，這也算一場戀愛。

2.他嚇一跳，然後嚇跑了。那也算「轟轟烈烈的求愛」。

3.他沒拒絕也沒嚇跑，只是說：我們不合適。這算是「緣盡情未了的纏綿！」

哪裡會有沒對象的事？這跟借錢的道理一樣。

很多人都說：「我實在沒有對象可以借錢！」

人怎麼會沒有對象借錢呢？其實，我們環境周遭的每一個元素都有它本身的動力。至於結果會怎樣？看命囉，只要你盡力。喝酒一樣，玩樂也一樣，你心裡那個動機一旦形成，那個動機是往哪裡去，你就對著那個方向，盡力往前奔去，過程當中發生的所有事情：路上有沒有人絆你一腳？有沒有人施捨你便當？這些你都沒有辦法在起跑點算好的。不可能。在起跑點你永遠無法預算什麼事，你只能做好所有鳴槍之前你該做的事項，槍響之後你能做什麼？

人生不就這樣嗎？每一個人都一樣，做每一件事，槍響之後，你什麼也不能做，你只有盡力往前跑。

你覺得賽跑是一件公平的事嗎？沒有，裡面還有一大堆的「手氣」在決定，如果你臥薪嘗膽了十年，有一天終於可以站上奧運的舞台，可是你那一天的手氣卻很爛，怕槍聲結果離槍鳴最近；討厭跑最外道卻偏偏抽中；左邊是眾望所歸的第一名，右邊是眾望所

歸的第二名，你感覺如何？有可能因此跑出超乎平常的成績，也有可能因為緊張而失去原來的水準……，凡此種種，是不是會受影響？你要怪誰？但是，如果你剛好抽到離槍響最遠的跑道，跑起來是不是就有如神助？

要去相親的那一天，突然下大雨，本來穿得美美的，卻被淋成落湯雞，不用怪什麼，你就說：「啊，我跟他無緣吧。」

人生既然有那麼多的無常，你就一定要接受無常，因為，你既然沒有辦法預算無常，你就必須要接受。

天底下沒有公平的事。

任何一件事情都跟很多不同不同的因緣、機會、界面、人、物、金、木、水、火、土……有關連，所以，你能做什麼？就是拚命把你能做的部分做好，然後，就隨它吧！盡力就好。

◎愛，通常是所有情操中，最無聲的一種。

角色扮演

你可能注意到，我應該是一個滿確定的人，但又會從我這兒聽到大量的either...or，neither...nor，不是二分法，而是充滿選擇性，為什麼？

人，常常是因為被人家怎麼叫，就展現出那個面貌，你一直以為你武裝好了，其實，當你在面對同學、父母、同事、老闆時，你的反應都是不同的，如果你有機會在這時拿一面鏡子或一台**DV**把自己拍下來，你會發現：你的臉是不一樣的。

◎我是誰？

一個好老闆跟一個好的主持人、好藝人中間有沒有差別？過去八年，我在這件事上，花費了非常大的精神成本。

我整個人最忙碌的時候，除了在傳播圈當藝人，還跨足幾個不同的領域：開珠寶店（零售、製造業），開**Pub**（娛樂事業），辦雜誌（文化出版），成立商業公司（做進出口貿易），另外，手上還有一個財團法人的協會（我是理事長），各位覺得，我要扮演多少角色？

在商業公司，我完全是一個貿易人。

在珠寶店的設計部門，我就突然變成一個藝術家；對業務部門，我要表現得像一個財閥或精於計算的小氣鬼；在工廠，我又要像個管家婆，凡事錙銖必較：一個戒指上面用的金、磨下來的金粉、模子倒出來之後的金胚，怎麼回收？上面每一粒細鑽（小到只〇・五有分，大概值五、六十元），進出量多少？存量多少？掉在哪裡？這些都要跟金工師傅「金金」計較。

當我走到**Pub**，我是這家店的老闆，對員工來說，我是不是就要像個酒量很好的大哥？回過頭，身後是一群傳播圈的朋友，我又突然要回去演「啟泰哥」，可是……隔壁那一桌是我從來沒見過，純粹聞風而來的陌生酒客，當下我就要決定：是要演那個和藹可親的曹啟泰？還是演藝圈的那個**Somebody**？

巡視完**Pub**之後，還要想辦法讓肚子裡的酒在瞬間退掉，因為接下來，我要回到辦公室後面的美編中心，如果讓正在排版的編輯看到老闆一臉酒氣，他可能會狐疑：你剛剛到底是在巡視業務，還是去花天酒地？

我找正在加班的美術主管討論版面問題：「這個照片放這樣不好看，幫它做個陰影吧，要不然，會被旁邊的文字版面吃掉；字體的級數對嗎？**Logo**放歪了……」

回到業務部，今天要落大版了，業務主管跟我說：「曹先生，對不起，這個珠寶店

◎孤獨和寂寞完全無關。孤獨是選擇，寂寞是被迫。

的廣告要擠到後面的頁數去……」我是珠寶店的老闆，又是這個雜誌社的老闆，站在雜誌社的立場，我要把客戶的廣告往前擺，但是站在珠寶店的立場，我也有付費，我為什麼要同意？

永遠有一百場戰爭在心裡面上演。

◎你當我是老闆還是那個曹啟泰？

在公司裡面，我到底是要把其他人當成我的員工還是我的觀眾？當時的我，常常在心裡自問：

「當你罵了自己的員工，是不是就從此失去了這個觀眾？或者，今天有一百個人來應徵，當你拒絕了九十七個人，是不是就把九十七位觀眾推出去？」

我在面試新人的時候，也碰到很大的困擾。

很多人一進來，看到的是曹啟泰，不是這個公司的老闆，那，我到底應該要擺出一張「曹啟泰」的臉？還是「老闆」的臉？還是今天「面試官」的臉？一般狀況下，絕對沒有哪一個人看到自己的面試官就會一直笑個不停，可是，我就常常碰到。然後我問對方問題，他也風馬牛不相及的不知道在扯什麼？離開的時候，還要請我簽個名……！

你覺得我到底要不要用他？他喜歡我到底是好還是不好？

在這些困擾下，要如何在瞬間把自己轉變成當下必須扮演的那個人，不但能「律

己」，還要可以「待人」，這一點其實很重要，就是要做到：我有辦法讓你立刻知道「我是曹啟泰」，或「我現在是老闆」，或「我現在是要跟你工作的人。」

可是，很多人在職場上常常處理不好「角色扮演」這回事。

我一直記得一個畫面，當我在辦公室跟我的業務主管交代完工作事項，他一抬頭，竟然就衝著我嘻嘻地笑了起來：

「曹先生，你的頭髮好好玩喔！」

當時我剛錄完「天生贏家」，回到辦公室時，我的頭髮還是翹起的，上面還染了銀色的漆，他講這句話的時候是我的觀眾，等他看完我的臉色之後，才變回我的員工。

◎該用那張臉？

由於多了一項藝人身份，很多事情別人做都是很單純的，換成我做，就會引來一些不必要的議論紛紛。

有一次，辦公室的電燈蓋板壞了，我就自己動手把舊的取下來，再用螺絲把新的蓋板旋上去，我只不過是和多數中小企業的老闆一樣，愛惜自己的公司，但又不想花錢找水電工罷了，可是我連這些都要躲起來做，因為：

看到的人都說：「看，他又在表演了！」

◎誰都曾仔細觀察別人，卻對自己的背影最陌生。

沒看到的會說：「他一定想讓我們在第二天看到！」

我總覺得有一千萬個不放心，我總覺得自己還沒有盡全力，所以，我就樣樣都做，我覺得，當我很成功地用不同的面貌滿足了所有對我有要求的人，這樣就叫做「**nice guy**」。

以前，我只想「**to be a nice guy**」，但是沒有釐清「**when?**」什麼時候要去當哪一個「**nice guy**」？二十四小時亂當**nice guy**的結果，在珠寶店開業的前一天，我在大安路的店門前砌磁磚，雖然那是泥水匠該做的裝潢工作，因為裡面也有牽涉到藝術的部分，我不放心別人做，所以就自己來。

下班之後，我又不希望給家人一種錯覺：我的先生，我的爸爸原本是一個很會說笑話，很快樂的人，怎麼回家後就完全變樣了？

因為我是個主持人，他們都是在電視上看到我，如果我讓他們看到的是一個疲倦的人、是一個憂愁的人、是一個工作永遠做不完的人、是一個沈重的人，這樣，孩子就會產生認知上的落差，我不希望他們喜歡那個電視上的爸爸勝過床邊的這個爸爸，我不想讓他們覺得：「只做電視的那個爸爸是快樂的，做生意的爸爸是不快樂的！」而讓他們討厭我的事業，所以，我就必須表現出我是一個「很快樂的爸爸，只是今天有點累了。」

我只是單純地想做一個「友善無傷的人」，不是所謂的「好人」（中國人口中的「好人」通常是指：白臉、鄉愿、濫好人……）所以，在很多時候就要呈現多元的面貌。

◎請一律叫我「曹先生」

在演藝圈裡，工作人員對主持人多是直接以名字相稱，如：「啟泰」，隨著年歲增長，手上節目越來越多，大家開始改口：「啟泰哥、曹哥、曹大哥、泰哥……」可是，在一般人身處的社會環境裡，誰會像這樣哥來姐去的？外人聽見我們這樣稱呼總覺得很奇怪，可是傳播圈的生態倫理就是這樣，按出道先後來論輩分，出道的越早，就越容易當大哥；節目越多，就越快當大哥；沒有節目的大哥，就比較少人喊他一聲大哥，因為，不太有人記得去叫他。

當我開始要做生意的時候，「名稱」的確造成某種程度的困擾，我召募來的員工該叫我什麼？

當時，跟著我做傳播的工作人員喊我：「啟泰哥、曹哥、曹大哥、泰哥……」可是，公司裡的其他人也這麼喊嗎？外邊一些進來辦公室要跟我請款、談生意的人，應該要叫我什麼？

沒有人考慮過這個問題，沒有人覺得這有什麼困難的，甚至沒有人正面想過這件事，可是它其實很難，每一個社會人，在你的工作環境裡，人家怎麼稱呼你？你有沒有

◎不說話的人，是因為他通常也閉上了心。

過掙扎？你總有一個社會職稱。

在一般的資料表上，都會有一欄叫做「稱謂」，如果你曾在電腦上註冊過任何套裝軟體，就會發現對話框最上方就是你的「稱謂」，國外很簡單，只有「**Miss**」「**Mr.**」「**Mrs.**」或「**Dr.**」幾種選擇，他們可沒有什麼**brother**、**sister**的稱呼，後來，我套用電腦軟體的模式來解決這個問題。

在公司裡，我是執行董事兼總經理，有一段時間我是執行董事，我不能要所有人都叫我的職稱，就請所有人一律稱我「曹先生」。

因為我缺乏一個讓人知道「我現在是在做生意」的認證，所以我替自己印名片，用名片提供一種歸屬感。

◎我用服裝來變臉

人，總在不停地做面貌的武裝跟替換。初期，大家借重「服裝」來做好角色扮演。最常見的例子就是「學生制服」這件事。

當為人父母的收到小孩的入學通知單時，你左看右看，這個整天胡天胡地的小傢伙，怎麼看都不像是要上小學的樣子，可是當他換上制服，站在那裡的時候，你就會突然知道：他是小學生了！

再來，是社會新鮮人的制式裝扮。

當你第一天走進職場，你的打扮就開始變了，當你走進某一間公司，要讓自己迅速進入那個角色的辦法就是「裝像一點」：去買個皮包，去買個公事包，女孩子把套裝穿起來，男孩子把西裝穿上、領帶打起來，再不像，把頭髮梳整齊一點，把眼鏡戴起來……你就算沒想到，周遭也會有一些七嘴八舌會提醒你要這樣做。然後，你就發現：

「我踏入社會了，我變上班族了，我開始過朝九晚五的日子了！」

可是我們藝人上班在幹嘛？我們上班在穿著大家下班後都不會穿的衣服！所以，我不僅幫自己印名片，還換上制服，為了要講清楚「我現在是在做生意」這句話，我「洗盡鉛華」，不能再打扮得像一個藝人去談珠寶生意；不能再穿著「天生贏家」裡的道具服去跟人家談一個大案子。

突然，我的衣櫃裡多了好幾十套樸素的西裝；多了好多我在當藝人時永遠不會買的：鐵灰色、白色、米色襯衫；突然，我開始有了斜紋線條的領帶；有了好規矩的鞋子；突然，我拎著一個路上很多人都拎著的皮包。

我大量的改變自己的穿著，甚至嚴格訓練自己的話術，訓練自己怎麼樣講話不要像個藝人？一般人對藝人的印象都是：講話很輕佻、很隨興、老是嘻嘻哈哈、插科打諢：

◎愛，通常是所有情操中，最無聲的一種。

…在我要做生意的時候，我極力要做的一件事是：講話不要像那個樣子。

白天，我在節目裡帶著觀眾講最瘋的話，下了節目，我馬上就轉變成要談生意的樣子，我可能還會需要跟對方指出財務報表上的錯誤。

談生意用的話術、行銷要用的話術、製造業要用的話術……通通不一樣，在我不熟悉的領域中，在過去的八年中，我成了什麼都學的雜家。

◎用演技吸引幸運之神

如果你現在處在低潮中，請記得，就要把那個失敗者跟低潮者演得很好，而且要演得恰到好處，**很多失敗者在人前，表現得過於成功**，看起來沒那麼失敗，結果原本對你產生同情的人把同情收回去了，不必對你產生期望的人，突然對你產生過高的期望，都沒有恰如其分。

現在在低潮的人就要完整的呈現你應有的低潮，如果你演不出來，就要用這個身份套回來逼你的個性就範，中國有一句話：「不為五斗米折腰」在我看來，這句話應該這麼解釋：

一、它絕對沒有教你不要折腰，只是不要「只為」五斗米折腰，如果是七斗，八斗或十斗的時候就可以考慮折腰。

二、當你連一斗都沒有，五斗都已經要折好幾次腰的時候，請不要因為這句話而錯

過折腰的機會，不要以為永遠都會有人給你五斗米，當五斗米送到你面前，你就要掂掂自己的分量，「有腰堪折直須折，莫待無米空折腰」。

很多人會因為要勉強達到外貌上的要求而痛苦不堪，比如：失業的人，不敢讓家人知道，只是自己在心裡覺得好痛苦，你要這樣想：

「如果讓你都不必裝，那就糟了！」

如果失業的人回到家只有一個人，你猜，他那天晚上會做什麼？喝酒、看電視、睡不著、撞牆、寫遺書……結果，第二天會怎麼樣？看起來很糟；可是，如果回家還有老婆、孩子等著他，他是不是要自己把壞消息揹著？第二天依然光鮮的出門？

如果第二天有一個機會來了，你覺得這兩者之間，誰的機會較大？當然是那一個看起來依然光鮮的人！

從現在看我當時的危機，簡直是在走鋼索的行為。

在負債一億元的消息被披露之前，我得繼續當明星，我必須維持光鮮的模樣，我是個熱門主持人，我做得不錯，日子也過得不錯，如果有人要請我主持一場晚會，我開價多少，對方就得給我多少，因為怕請不到我，所以，我不能讓消息曝光。

可能長久累積了好人緣的關係，我居然可以周轉兩三年都沒有半點風聲洩露，群眾

◎愛，通常是所有情操中，最無聲的一種。

不知道。

別人狀況不好可以騙家人，可以騙工作人員，只有我，不但要騙家人，還要騙所有的人，甚至我自己，連我自己都要被迫相信「**I am ok**」，否則，我就不可能?頭挺胸去當電視上那個很驕傲的天生贏家，還去接了中國信託銀行的天生贏家專案廣告，告訴人家「我很有錢，只要跟著我，你的錢就會長大！」（不過，那個銀行找我也真沒錯，它們那個專案的確賣得很好，而我，終究也沒有垮下去。）

雖然，我那時其實已經山窮水盡、債台高築，但因為一直表現出很有自信，一副運氣很好的樣子，所以，老天給我一個又一個的機會：

◆在我最沮喪的時候，主持了「天生贏家」；

◆在我開始衰的時候，主持「好采頭」；

◆在山窮水盡的時候，主持「財神到」；

◆在煩到不行的時候，我還在當《結婚真好》這本暢銷書的作者。

我提到外觀，包括非常多的技法，但不管你裝得有多像，重點一定要「從心裡出來」，不管你穿了什麼外衣，一定要具有那個角色代表的氣質、談吐、氣度，要演一個有錢人，絕對不可能是穿金戴銀就好，但一定會讓每個人都知道你有錢。

現在我再去談生意，我根本已經不在乎我穿什麼了，因為那些衣服都內化到我的內在了。但是在那幾年，全部靠這個。

◎不說話的人，是因為他通常也閉上了心。

財務槓桿原理

當你今天已經開始借用明天的時候，你就具備更多的資源、面貌、姿態，使你更快還得起，如果你只是一直抓著口袋裡僅有的不放，你真的看不到明天的可能性，因為你只抱著「昨天」。

一直到今天為止，我們都在「以物易物」，如果你認為錢只是錢，那就糟了！你就打不贏這一場「錢」的戰爭，「以物易物」這個觀念一定要建立。

首先，請大家先想一想以下的問題：

Q1：你用什麼東西賺錢？（請自行作答）

Q2：然後，這筆錢會變成什麼？

……可以換得你想要的行為或物質。

Q3：那你這輩子賺過多少錢？（請自行作答）

Q4：結果剩下什麼？

……你手邊現有還沒有丟掉的東西，跟過去的生活。

Q5：那你手邊現有的生活跟過去的生活是用什麼換來的？

……是用另外一批生活跟一些東西。

所以，它叫「以物易物」，你一點都不用在意你今天賺得是多？是少？因為，這整個過程就是錢的濃縮／放大／還原的過程，這是錢。

◎這是「以物易物」的世界

如果，我們把「一寸光陰一寸金」「寸金難買寸光陰」這兩句話擺在一起，就會發現它們本身互相矛盾，如果一寸光陰等同於一寸金，那麼，寸金就絕對可以買得到寸光陰，所以，我說它的邏輯有問題，可是因為它是詩，就沒什麼好強求的。

可是在真實生活裡，真的可以用錢買到時間，你同意這個說法嗎？我有太多的例子可以證明「有錢，就一定買得到時間！」所以，千萬不要擔心時間不夠。

舉個例子，花錢買一部好電腦，讓你處理資料的速度更快，是不是就買到了時間？

再舉一例，當你開車去機場，泰山收費站永遠人滿為患，這時候，你知道十元可以買到多少時間？約莫五分鐘。接下來你就要決定，你的五分鐘值不值十元？怎麼說呢？我們平常走的「找零車道」跟「回數票車道」，一次四十元，總是大排長龍，你就往旁邊開，去開連結車、貨櫃車、大客車的車道，一次五十元，通常不用排隊，那你就用十元買到了五分鐘。我永遠走那一道。

> ◎接受他讚美的時候，要檢查說話的他有什麼優點？讚美你的人如果沒什麼優點，你也就不必高興了。

不要以為它只是一個五分鐘而已，以我為例，入出境最多的那一年，總共有一百六十次左右（去機場接人還沒算進去），現在平均也有四十次，稍微算一下，可以省下多少時間？所以，真的可以拿錢買時間。

有人在路肩開快車，只是為了一個「爽」的感覺，所以，他是拿繳罰單的錢來換一個爽，有些人換的是時間，那就叫「以物易物」。接著，我要大家想一件事：

「你這一生的時間，有多少是被有效節省下來？或賺到的？」

錢只是一個轉換的形式，如果你對錢這麼在意，請用這個方式去思考，相信我，你一定要想通這一點，錢才會來。

◎寅吃卯糧不丟臉

我是一個一直在寅吃卯糧的人，寅吃卯糧一點都不丟臉，只要你確定後面絕對賺得進來，你大可安心在前面將它花掉。而且你知道嗎，如果你前面不花掉，後面就真的賺不進來了，請相信我，開著雙B，住著豪宅的人，絕對會比坐公車，住在租來的小閣樓裡的人，更容易借到一百萬，或接到一個值錢的工作。

你不在寅時把卯時該賺的錢先算好，而且把它花掉，就真的不會進帳了。很多人在寅時只吃寅時的糧，卯時就不進帳，然後還沾沾自喜地說：「你看，還好我沒有寅吃卯糧！」他不知道是自己斷了自己的財路。

你說：「我已經五十五歲囉！」

我說：「沒關係，你還有二十年呢！」

少算一點好了，算你活到七十歲，如果用十五年的時間去當工友，一個月兩萬，乘以十五年，你怎麼會沒錢？快用啊，擺在那兒幹嘛？你還很有錢哩，只是有沒有想到要去提款而已。然後，你放心，只要你去提來用，你就會發現，後面一毛也沒少。

在我剛進演藝圈，身上只有八十萬的時候，就買了一幢一千八百萬的房子；在我去當兵，還不知道退伍之後工作有沒有著落，就訂了生平第一輛賓士車；在我口袋裡只有五百萬的時候，我就開始做一個需要五千萬的生意；在我已經負債五百萬的時候，我把我的生意擴張到一億；在我已經投入了將近六千萬至八千萬現金的時候，我在外面已經又欠下了另一個八千萬。

你知道我現在在幹嘛？所有的人都在問我還有沒有債務？我的債務早就「解決」了——因為我在寅吃卯糧。所以，債務可以用未來償還，我的未來，已經知道要還給誰。

我一直都在幹這件事，包括我整個人生不停地燃燒，我又沒有放火燒別人，我不過是燒我自己，所以我寅吃卯糧，快樂無比。所以我才覺得多活一天就多賺一天，說不定，我這一生該賺的錢，該過的日子，該交換來的資源，早就用完了，說不定，因為過去十年我一直在花後面三十年的錢，使我後面三十年的獲利開始倍增？

◎選擇也是命運。

真的很難說。

◎大膽去借錢！

如果你現在正在節骨眼上，如果你現在痛苦不堪，如果你覺得已經搏不起，請先想一下以下這個問題：

「假如你一天要花一元，現在口袋裡有一百元，請問你還能活多久？」

簡單的算術，一天一元，你還能活一百天，但，這時候你能幹嘛？降低物質欲望，一切回歸到最簡單的狀況，以確保自己能夠活一百天？

很多人現在都在家裡算這個，確保自己還能撐多久，我贊成未雨綢繆，我贊成把它算得精準，然後，你還可以活一百天。

如果，我要你做一項投資，今天用三十元，明天用三十元，後天再用另一個三十元，只留最後的十元活命，一般人都不幹，把這叫做「冒險」，我同意，這樣真的很冒險，本來可以活一百天的，如果連著三天花下去都沒下文，豈不只活十三天就結束了？

可是，我沒要你這麼做啊，我只要你做一件事「把一百元放在看得見的地方」讓別人以為你每天都花一百元，然後想辦法去用第一〇一天的錢，而這一百元不要動。

只要你有辦法讓別人以為你每天都花一百元，別人就會認定：因為你會花一百元，所以我請你五元、請你十元是不是小意思？那我請你一元就更沒問題囉？你今天把這一

百元拿出來現一現，人家就會拿一元來請你，那你原本要活命的一元是不是就有著落了？

這就叫做：集中資源，展現最美好的一面，爭取最大的槓桿機會。

【贏家槓桿1：借力使力】

三十歲那天，我住在一個四千萬的房子裡，那房子不是我的，但我怎麼會在裡面呢？

前頭提過，我在只有八十萬的時候，就買了一棟一千八百萬的房子，然後，我花了六百萬做裝潢，再以一個月三萬元租出去。為什麼我會決定租金三萬元？因為我那時看了一幢四千萬的房子，它月租四萬五。如果你是我，你要住在一千八百萬的房子裡頭？還是每個月只要再花一萬五千元住進四千萬的房子裡？

這麼問好了：「你願不願意花一萬五千元住在兩千兩百萬的房子？」

很多人都說：「怎麼可能？」

一副我又在唬人的樣子，可是想一想，如果有機會，多半還是願意。

那我又要問：「你願不願意花四萬五千元住進四千萬的房子？」

很多人搖頭：「有困難，因為我沒有一棟一千八百萬的房子。」

◎閉上雙眼，通常才知道顏色是什麼。

問題來了，問題出在於你有沒有那根槓桿的頭？不願意的人，是因為他沒有那根槓桿，所以，一萬五還行，四萬五就不行，那很簡單，你就先想辦法去弄到那根一千八百萬的槓桿，希臘數學家阿基米德說過：「給我一個立足點，我就可以移動地球。」用的就是槓桿原理，別先想著移地球，請先找到立足點。

你一定先要有一個支點，我那個支點就是我，施力臂就是那棟一千八百萬的房子，所以，我可以用一萬五舉起四千萬的房子，因為我把我的房子用三萬元租出去，再用差額一萬五千元住進新房子。

從三十歲到三十三歲，我在那房子度過了我這段人生裡最愜意的三年。

【贏家槓桿2：把錢花在看得到的地方】

再來算一道數學問題，也很好玩。

以現在年輕粉領族最常開的March來說，連買車、買保險、辦手續，弄一弄大概要五十萬元左右。

好啦，妳現在來應徵工作，希望待遇三萬二。

老闆看了一下妳停在外面的車，一方面想著：「妳生活是不是有一定的開銷？」另一方面想：「如果我要妳去跑業務，妳是不是就會開著這輛March出去？妳有交通工具又可以帶帶客戶，是不是比較方便？」原本這個職位只想要給兩萬八，想想，三萬二也可

以接受，因為公司好像多了一輛跑業務的交通車，妳不會來跟我報計程車資，頂多報點油錢；這時，旁邊另一個小子恨得牙癢癢的，沒辦法，他老騎摩托車，老闆一看：「這樣怎麼帶客戶？用兩萬八千元就行了。」就在這時，忽然從門外又進來了一個開BMW318的女孩說：「老闆，我不要多，只要三萬六就好了。」

當一切條件都相當的時候，妳猜，老闆會用誰？

如果你們都只拿三萬二，肯定是最後那個女孩；但還有一種可能是：全部錄取，但薪水不一樣。這個道理不只適用在演藝圈，用在要談生意的人身上，更準。

可是，很多人的生活邏輯是倒過來的：「我就還沒賺到可以買BMW318的錢嘛，那我就要省一點。」不要相信路上那些開雙B的，那沒什麼，妳知不知道那個開BMW來的人，跟妳的March是花相同的錢？March開了一年，妳大概就要花點小錢去修了，BMW頭兩年，什麼錢都不用花；三年後，March頂多還可以賣個八萬、十萬，BMW則可以賣個一百萬。

妳們一開始都花了五十萬，她開了三年的BMW，而妳開了三年的March，可是，她比妳多賺了多少錢？

◎盯著一個字看很久，會越看越不認識，看人也一樣。

【贏家槓桿3：虛張聲勢】

在我狀況最糟的時候，我跑去住遠東飯店。

以我當時的公眾形象，我當然不能租一個兩萬元的房子，躲在某一層舊公寓的三樓，每天穿得美美的自己下來倒垃圾，以我當時要做的事業規格，我當然得住在三十坪大的房間，有專人伺候、有Room Service、有專用電話、專用傳真、專用電腦、有人打掃、有世界各地的衛星電視可看、有房間專用的簡報系統、錄放影機、有漂亮的會客起居間、有很舒服很大很軟進口的一級寢具、有豪華的按摩浴缸。

那時每個人都驚訝：「哇，你怎麼想到就這麼住？」

很簡單，去談就是囉，我看起來很闊綽，住在一萬二的房間，其實，我只付五千元，因為打對折，對折呢，我還可以再拗出一個upgrade，所以，九千的房間對折只要四千五，九千的upgrade，就是一萬二的房間，我付四千五加上稅金，一天五千元，聽起來很多嗎？

不會。我用位在東區敦化南路上的三十坪套房為例：全新裝潢，含水電、中央空調，髒了不必我掃，壞了不必我換，附停車位，有專人負責泊車，完整保全系統，如果你打電話找我，櫃台總機會過濾，進出大門有人鞠躬。你猜，要多少錢？假設二十萬。

我住遠東一個月多少錢？一個月在台北二十天，四千五乘以二十天，加上稅金，不到十萬元，還可以開一張發票報稅。你說，哪個比較划算呢？

當時，我開著賓士320的大車，手下有：七十個員工，一百四十坪的辦公室，跟另外一個一百四十坪的店面，裡面還有價值兩億的珠寶，我要跟人家調個五百萬、一千萬元很容易，我有一個驕傲的工作，看起來很走紅的狀態，我怎麼會調不到錢？

【贏家槓桿4：有借有還】

我一直都在用槓桿原理，從當年到現在。

如果你要當人生的贏家，就要大膽去借，只是借了要還，不要毀滅承諾，你是「今天用，明天還」你在用你的明天還，可是……你知不知道明天還有好幾個變數？

一是，「我不在了」

二是，「你不在了」

三是，「我們都不在了」

以上這三種情形都不用還了，只有一種情況要還，就是「你跟我都在」，或然率是四分之一，但我沒有說不要還。

請記得，當你今天已經開始借用明天的時候，你就具備更多的資源、面貌、姿態，使你更快還得起，如果你只是一直抓著口袋裡僅有的不放，你真的看不到明天的可能性了。

◎小腳趾的用處是什麼？你的用處呢？

很多人都在告訴自己：「我不能，我憑什麼？」你只要敢就行了！做下去之後，你就會發現：「我怎麼會沒資格呢？」

◎花最多的才是真富有

你知不知道你的明天會怎樣？跟今天一樣在工作？老實說，二〇〇一年九月十一日之前，紐約世貿中心那兩棟大廈裡面的那些人也是這麼想。

我不是在鼓勵大家認定明天就是世界末日，可是……已經過的那一天是用什麼規格過的其實比較重要，因為過去這一天，已經活生生地、真實地存在你的回憶裡。如果人都要用「量化」的標準來衡量自己，那我忍不住要問了：

「你的這一天是多少錢的日子？」

「五百。」

「明天呢？」

「……另一個五百。」

「後天呢？」

「還是一個五百。」

好了，再丟一個問題：

「從現在開始，我給你五百萬，讓你每天都過三千元的日子，但我要買你三十五到四

十歲的五年，你賣不賣？」

假設，你現在年收入是五十萬元，你每天過著平均一千二的日子，只要你把那五年賣給我，我現在就給你五百萬，馬上你就可以過三千元一天的生活，你敢不敢？很多人都想這樣做，但有幾個敢這樣做？

我有，而且我不停地這樣做，我不比任何人有錢，也不比任何人會賺錢，但我比任何人都有興趣於向未來借時間、借資源、借可能性，所以不用沮喪，現在所有在低潮裡的人，請相信我，你不是一無所有，你有未來！

人間有一件很絕的事就是：「最有錢的人，通常是最不需要花錢過日子的；你願意花錢請吃飯的人，都是有錢的人，絕對不是沒錢的人。」

你越有錢，就越多人請吃飯，你就越花不到錢，就越省。以我自己為例，我的日常生活開銷可能都比我的助理省，她平時吃個飯、買件衣服，少說也要花個五百、一千，而我，工作結束後老有人請吃飯，常常一回到家才發現：我的皮夾一整天沒拿出來過，甚至，有時候我根本沒有帶皮夾出門，我根本沒有花過錢！

最後，再強調一次，人生富不富有，絕對不在於你口袋裡有多少錢或剩下多少錢，

◎牙刷是最委屈的，它永遠在你最臭的時候碰見你。

而在於：「你花掉了多少？」

兜了一圈，我好像一直在鼓勵大家寅吃卯糧，但請記得，要有本事做到不爆胎。

你要受得了我所承受的壓力、面對過的痛苦，還要能夠應變於我所碰到的變局，我甚至扮演超過我事業以外的角色（我的事業包含生意、製造、商業、演藝），我還跟人家做過土地開發，一塊兒做策略、做商務研判，過去的八年裡，有兩年的時間，因為環境使然，我被迫去做我不了解的事，如果在可以自由選擇的狀況下，我一輩子不會去碰那一類的事，那不是生意，是一種謀略家的行為，但因為有人幫了我，我不得不去跟政府機構談合作案，談開發案，談變更案。

非常有趣。

學習

看這本書的人，我相信九十九％學歷比我高，你要想的第一件事是：為什麼是我在寫書給你們看？為什麼是我在跟大家談人生智慧？

遇到困難的時候，每個人都會把自己印象中跟智慧裡的光譜攤開來，在裡面尋找解決之道，如果你的光譜越窄，你能夠尋找到的解決之道就越窄，怎樣做到讓自己頻寬非常寬？關鍵就在於「學習」。

不管你現在是幾歲，我鼓勵你多學點東西。

我很喜歡與人為善，如果你做的事情是我不會的，我就會在第一時間開始學；在第二時間考慮：要不要超越你？有沒有超越的價值？在第三時間，當我已經得到這樣東西，超不超越你，就一點都不重要了。它變成我人生光譜當中的其中一道，我就放在那兒，什麼時候會用到？不知道。

我凡事總會沾沾醬油、沾上一點邊，有到旁邊一窺堂奧，看懂了就離開，看不懂就

◎為什麼會說話？為什麼自己那麼會說話？為什麼自己總必須在那麼多時刻那麼懂得會說話？以至於，錯過那麼多無聲的美好。

留個印象。我一直秉持著這樣的原則在過日子，就是這種個性讓我能夠成為一個好主持人。

身為一個主持人，必須做大量的學習，因為總有各行各業的菁英份子到你身旁接受訪問，他們一定有他們的語言、話術、習慣、熱愛、流行。我很高興我的領域一直很寬廣：遊戲節目、政治節目、新聞節目、談話節目、社教節目、銀髮族節目、兒童節目、娛樂節目、益智節目我通通都做了，我握過國家元首、五院院長、元老耆宿、市井小民的手，我當然會從他們身上學到不同的東西、看到不同的事物。

如此一來，有沒有「學」的個性就變得很重要，否則的話，就像是閉著眼睛去了一趟世界各地。我沒有。我的眼睛一直是睜開的，不但這樣，連我的心也是開的。

◎用心讀好「生活」這本書

我的學習一直沒有停止過。

小時候學舞蹈，去了解節奏；長大以後學電影，去了解視覺；在藝專的時候，我又去跳舞，去學習青春，我若沒有那一段時間，大概就不會在那個年代交那麼多女朋友，所以，我沒有什麼遺憾。

家道中落讓我學習怎麼自處、怎麼與人為善；我家的環境也曾經很好過，讓我學習了怎麼養尊處優，養尊處優也是要學習的，今天台灣有那麼多暴發戶，卻過著很沒有品

味的富有生活，因為他不懂得怎樣用好東西。

當我最窮的時候，仔細看看我身邊所有的東西，都好值錢！雖然它們不是最好的，但它們是在我當時能力範圍裡可以取得的最好，而我也知道什麼比它們更好，重點在這裡。

你一定要知道什麼是「好的」，假如，現在有五塊料子同時放在你面前，你可以挑出最值錢的那一塊料子嗎？有五雙皮鞋放在你面前，不看牌子，只看一眼，你知道哪一雙最值錢？有五個人在你面前，你知不知道誰最值錢？這點很重要，一定要做到。

你說：「無知是一種幸福，反正有人懂。」

那也可以，你就多花一點錢就是了，如果你不在意的話。可是，有很多事情真的是花錢解決不了的。

我十歲就離家，高中在外面租房子，必須要自己學著燒飯、修水電，想辦法解決生活上的事，也因為這樣，我對於所謂「成家」，完全沒有憂慮。前不久，一個老同學去當一個婚禮的司儀，結果，他的新郎朋友一直抱著他哭。我開玩笑：「到我們這個年紀才要成家，當然該哭！」但我想，另一個害怕的原因，可能是因為他一直跟家人住在一起，從來沒有負擔過整個家庭的責任。

一個家庭總有很多元素：誰鎖門？誰關燈？如果你管理過一個家，你就知道這些責

◎關上一扇窗之前，多吸一口氣。

任全在你身上，你必須分工出去，如果你從來沒揹過這個，你怎麼曉得要幹嘛？很多新婚夫妻會為柴、米、油、鹽煩得要死，就是因為沒有這個過程，如果有經歷過這些，就會知道那些根本就不是困擾。如果在二十幾歲結的婚，因為大家都處於懵懂無知的狀況，就算了，可是在快四十歲才開始接受人家在二十幾歲就面對的考驗，當然會怕。

我不是說你應該要會做這些事，只是，那會讓你自己比較無懼，在過程裡也會比較順暢。因為你懂。

◎One Way Solution

我第一次碰電腦是在**PE**Ⅱ、**Dos**盛行的時候，老實說，當時沒覺得它對我有多大幫助，大概只用了一個月。

一年多以後，一個老同學帶來一台小蘋果「LCⅢ」，那是我第一次操作蘋果電腦，很快地，我就買了我的第一部**powerbook**（蘋果的筆記型電腦），主要是用來處理我的會計帳，於是，電腦開始走進我的生活。後來，因為雜誌社裡的編輯要寫文稿，我開始學文書處理（**Clairswork**）；因為美編要在上頭秀稿子給我看，我開始學排版軟體（**Quack**、**Pagemaker**）；學完之後，因為設備必須添購，我必須做決定。而現在，我用**Photoshop**、**Illustrator**當作玩具。

我一直認為，當老闆的人自己也要懂，才能請人、用人、才能**view**到合理的人，看

他是否在這個項目上符合你的標準?看他值不值得你付那樣的錢?看他能不能成為你和別人溝通的界面?

如果你總認為「我不會，別人會!」那你就要付出比別人更多的代價。當時我的原則就是:「想辦法把它弄會。」我用我的電腦畫珠寶設計圖、存珠寶圖像;我用我的電腦處理雜誌、處理編輯;在我賠錢賠得最兇的時候，我學會了試算表軟體。

一度我也有一個自己的網站，當初在架設時，只覺得怎麼這麼麻煩?很多現在才開始用電腦的人，不曉得當中的發展過程，以為上網就只是按按滑鼠，我不覺得你一定要知道這個過程，可是，如果你不能體會它在五年前的樣貌、跟現在的樣貌，你就不敢大膽斷言，你現在覺得很困難的事，在五年後會變得多容易。如果，你沒有去經過這些事情，你就沒有辦法去預估一個時代轉變的速度跟可能性，那，你怎麼做生意?怎麼去評估所謂的可能?怎麼去計算所謂的未來?

不能拒絕學習。

在我整個學習過程裡，每當我要歡欣鼓舞的時候，老天就下大雨，讓我不會脫軌、不會得意忘形，可以維持平常心。我最趾高氣揚、接了最多節目的時候，我的生意就要失敗，沒有機會得意過頭。可是，這所有的事累積出一件事:「思考」。

人碰到問題時的解決之道是什麼?你可能要考慮到經濟面、人情面、技術面、財務

◎我們連自己的腦子都管不住，你想管誰?

面……等等，要考慮的事情太多了，你的人生光譜越寬廣、越紮實，你可以想得出來的解決之道就一定越實在、而且越快。所有累積下來的學習，最後會讓你產生一種「組合能力」，很快地在第一時間產生四海一家（**one way solution**）的解決之道。

假設，現在房裡空出一塊，我們在那兒擺一張桌子行不行？

A：「不要啦，買太貴！」

B：「啊，家裡那張可以搬過來！」

C：「顏色不知道搭不搭？」

D：「那很麻煩，怎麼搬？」

E：「搬來以後要放在哪一個方位？」

我的解決之道是什麼呢？

＊我知道顏色搭不搭，因為我有視覺、色彩的觀念；

＊我知道這地板承受的重量，因為我知道房屋結構圖怎麼畫，我畫過墨線圖；

＊我知道它有沒有價值運來，因為我知道報關的程序、貨櫃運輸的時間、費用、這張桌子的成本。因為我懂。

在提供了第一輪的解決之道後，所有的人都贊成照我的意思做，把那張桌子弄來，但是……要找誰呢？或者，我們現在還沒這張桌子，要去哪裡找？

＊我可以告訴你，我有一個朋友在做進口傢俱的；
＊我也可以告訴你，如果是古董傢俱，你可以找誰？
＊我還可以告訴你，如果是舊傢俱，你可以找誰？

有很多人，此刻還關著門，拚命在過濾通訊錄裡有沒有應該刪除的朋友，很少記得有沒有該開拓的？給自己做一下測驗：

Q1：去到任何一種場合，你有辦法記得每個人嗎？
Q2：去到任何一個場合，你有沒有把握每個人都記得你？

做不到前者，儘可能做到後者，用別人的腦袋來當儲存硬碟，總勝過你自己。你的機會越多，你的解決之道就更寬，這就叫做「良性循環」。我沒有在任何一件事情上成為發燒友，但我很尊重專業人士，我有各界的朋友，我跟大家都可以合，那，我的面向就比別人廣了，我什麼都可以聊，就可以訪問你（這是我的低標準），當我有一天要用你的時候，你寫給我的東西我不會看不懂。

◎大膽嘗試新鮮事

有人問：「英文怎麼學？」
有人說：「我現在都幾歲了，怎麼學電腦？你已經會了，當然說輕鬆啦！」

◎人生的喜樂就在開闊地擁抱悲哀。

你可能學不好電腦，可是你不會學不到電腦！你只要去上完一個鐘頭的電腦課，你起碼知道怎麼開機了；但是你如果不開始，怎麼會有後面的進展？

有時候，如果你沒自信，就不敢去學；但是，有膽子、有自信卻不肯學，終究有一天會變得沒膽子又沒自信。

談到膽子跟自信，我做「芝麻街」兒童美語節目就是一個很好的例子。

我最高學歷只有高中畢業，但是，我的英文能力連高中程度都沒有，因為我幾乎沒有好好上過課，那，我怎麼能夠接一份幾乎是外語的工作？這是一個教美語的節目，我必須要跟美國人合作，他們派出資深製作人來台灣開會，而我是用專案的方式在接這個節目。

說起來，我也很謝謝葛福鴻小姐，她提供這個機會給我。我從沒刻意去做什麼，但是我不會拒絕發生，就是一種態度「來吧！」我從來沒怯場。

走在幕前的人都知道，幕後的錢有多難賺！當時，我是以製作人的身份接下這個節目，那其實沒什麼錢賺，但我為什麼要接？因為有一個學習的機會來了！

我一直覺得有很多機會都沒有分界線地對我打開，我有很好的華語表達能力，可是我沒有用英文實戰的可能性，老天就給了我這樣一個機會！我居然也坐在會議桌上跟美國人開始開會、談節目，我們用的翻譯是他們從大陸帶來的一個美國人，結果，他只來了一次。

當時，所有的專業術語我通通不懂：前製怎麼講？後製怎麼講？配音怎麼說？道具怎麼說？我通通不知道，那些都不是我們生活裡會用到的會話，可是……有什麼關係？

英文程度不好，其實，你一定也有很多事情程度不好，可是，只要做了程度就會變好，你就大膽開口講啊，你不要耽心不記得，因為一定會再碰到的，如果老天爺決定你必須再記起這個字，它就會給你足夠的出現次數，你就會記起來了。

我的有效學習，全部都是因為需要，而我需要做的，就是創造需要。因為那是我的工作，我必須收、發英文信，在那之前，我沒有寫過半封英文信，那裡面全是製作節目的專業東西。

兩個月後，我們公開甄選主持人，當時對方一直不知道我是一個主持人，有一次，美方製作人來台灣，他在旅館的電視上看到有一個主持人跟我長得很像，他很驚訝！第二天，他問我是不是有在兼職當主持人？結果恰恰相反，我是兼職在當製作人！在看過我其他節目的錄影情況後，他請我當「芝麻街」的主持人。

你猜，我想不想當主持人？我當然想當，因為我覺得又有一門課來了，那不但逼著

◎生命的意義是站立，躺平後是別人的生命。

我要講英文，還必須要講對，而且他們整個作業模式，很符合我做事的原則：「只要我能的，通通自己來。」所以，我就當起那個節目的主持人兼製作人。

所以，怎麼會難呢？下去做過一次也就會了，還因此累積了一些英文能力。後來，我在新加坡又接了一個新的節目，雖然那是個華語節目，可是那裡的工作環境都是一半華語、一半英文，我如果聽不懂，怎麼接？

舉這個例子，是在鼓勵大家放膽去接受你不會的事，不要綁自己的手腳。請記得：「什麼事情你都有可能學不好，但絕對不至於學不到。」

你有沒有出國旅行過？有。

你真的有做過所謂的人文之旅嗎？就是在一個地方住上三五天，半個月，一年，對著同一個湖光山色，靜靜地做人文思考？絕大多數的人都是一上車就睡覺，去到了一個地方，下車上廁所，集合了就拍照。

很多人恥笑這種旅行：「你花了那麼多錢跑遍世界各地，你除了剩這疊照片，你還剩什麼？」

聽起來似乎言之成理，但你把這兩個人放到面前，仔細檢測他們的人生觀念，你就會發現，那個跑遍世界各地去拍過照的人，他的想法就真的有些不同了，他心裡會出現很多畫面、大山大水，雖然他到那邊只是拍個照，但請相信我，他眼睛裡一定有看到什麼，只是很多人都很難說的出口那是什麼？

千萬不要恥笑別人在做浮光掠影、蜻蜓點水式的學習，一萬片浮光掠影就形成宇宙。這樣的學習，也會累積出驚人的能量。

◎誰都曾仔細觀察別人，卻對自己的背影最陌生。

相信自己是唯一

請大量的「自以為是」你是，我是，一定要自以為是。自以為不是，是不是會更糟？與其悲哀的自以為是，不如爽快地自以為是。

從小，我做任何事都「愉快地自以為是」。

學生時代，我曾在一次辯論比賽當中，被對手批評：「不知道在說什麼，根本沒有準備！」當時在台上罵我「不要臉！」的那個台大法律系女生，在若干年後，到我的公司來應徵，成為我的員工，離職之後，看著我把公司結束掉。

很多人聽到故事的前半段反應是：「她當你的員工？聽起來你戰勝了！你當年在辯論台上贏她，後來又在人生跑道上贏她！」

但是一聽到後頭：「她看著我把公司結束掉。」就覺得好悲哀：「那她不是親眼看到你的衰敗？」錯，正確答案是：

「我很爽，因為這個過程我有，她沒有。」

請大量的自以為是，你是，我是，大家都是！一定要自以為是，自以為不是，是不

是會更糟？人間就「是」與「非」兩種，自以為不是，豈不連存在的價值都沒了？所以，只能自以為是，與其悲哀地自以為是，不如爽快地自以為是。

◎我是獨一無二！

很多人都很好奇：「為什麼曹啟泰那麼有自信？別人怎麼講他也沒關係，他不高興就是不高興，為什麼就是不會被傷害到？為什麼就是那麼有自信？」我告訴大家：

「因為我是唯一的。」

聽起來會不會很屌？會。可是不是，只是因為你不講這句話，你也是唯一的；只是你很少這麼想，甚至，你沒那麼想過，你常常忘了提醒自己：「我是唯一的！」我之所以經過那麼多事還不被擊倒，就是因為我老是在告訴自己：「我是唯一的！」而且，我還不停地證實「我是唯一的」「我是稀奇的」「我是罕見的」「我是不容易的。」

舉個例子：你有沒有覺得，你的腳長得跟人家的不太一樣？等到夏天每位小姐都穿涼鞋的時候，去游泳池、去海灘瞄一下別人的腳，看看你的腳有沒有跟人家長得不一樣？比較接近你自己這個類型的，你會看得比較順眼，跟你不一樣類型的，你就會覺得那個趾頭長得很怪，手也很怪？我們剛才講的是腳，講手就比較容易了，你一定常常看自己的手，別人的手你不一定會注意，但一定會看到，你有沒有覺得：別人的手長得怪

◎接受他讚美的時候，要檢查說話的他有什麼優點？讚美你的人如果沒什麼優點，你也就不必高興了。

怪的？沒有自己的順眼，對不對？道理很簡單，因為你是唯一的。

你有沒有這麼仔細地看過自己？從頭到腳、裡裡外外？你知不知道你是多麼獨特的「唯一」？如果你不曾很仔細地看過自己，試試看，由裡到外，包括皺摺裡面、包括肥油底下，你就儘量找，看看自己有沒有什麼與眾不同的地方？你會發現自己真的滿特別的，而且你還真的是唯一。我再問大家一句話：

「在一群人當中，你會不會認不出自己？」

不可能嘛，你可能會認不出你媽，你可能認不出你老婆，但不會認不出自己，你看，你有多特別？不管多少人，你一定很容易認出自己。你有沒有試著在別人的婚禮錄影帶裡找自己？在別人的結婚照裡找自己？好容易找！可是……有沒有辦法讓所有人也能一眼就看到你？這就是自信的來源。讓別人看到的你，像你看到的自己。怎麼找？

請相信你自己是唯一的。

◎我的眼睛天賦異秉！

因為我要大家做好這個功課，所以我先告訴大家，我有多麼仔細看我自己？

很多人在電視上看到的曹啟泰都是戴著一副眼鏡，其實，我戴的只是一副鏡框，平常我都是戴隱形眼鏡：一邊九百度，一邊七百度，外加散光二百五十度，兩邊還有嚴重色差，一邊看比較偏藍，一邊看比較偏黃。

但是曾經跟我一起工作過的夥伴，從來沒有人看過我摘隱形眼鏡、眼睛不舒服、滴眼藥水、擠人工淚液，或眼睛浮腫、突然戴上鏡片眼鏡，你知道我怎麼做到的嗎？

因為我是唯一，我的眼睛很特別。

我在一九八五年七月，戴上了我生平的第一副隱形眼鏡。那時，我是一個舞蹈表演員，平常練舞都戴眼鏡，上台前再摘下來，然後在朦朧之中跳著。

我當然會希望自己在舞台上看得更清楚，所以，我就去配一副隱形眼鏡，湊了很久的錢，忍了很久，又跟人家借錢，我也忘了我是不是還有賴那個老闆的帳？或者我是賒來的？總而言之，我「先享受後付款」得到一副隱形眼鏡。（如果，我有突然的開銷、突然的開闢，那一定都是借來的，我沒有一樣是存夠了錢才幹的）。

在隨著「國家青年訪問團」出國的前一天，我拿到那副隱形眼鏡。國家代表團要出國前，在機場都會有歡送的場面，可以跟那些大官拍拍照！我又是學生隊的隊長，多麼意氣風發！於是，我就戴上隱形眼鏡，睜著大眼睛，站在人群之中拍下紀念照，然後，在歡送的掌聲中入了海關，很高興地坐了生平的第一趟飛機，一看到寬敞的機艙，就愉快地帶著團員，往我們的目的地「巴黎」一路飛過去。

飛到孟買的時候，飛機降落加油，那時候我的眼睛有點痛，想起醫生交代過「每隔三、五個鐘頭就要拿下來」，我知道已經超過時間了，反正在飛機上，沒人看，美貌可以

◎有知的活，是最大的富足。（二〇〇〇年十月一日時報五十周年余先生的一滴眼淚）

暫時割捨，所以，我決定摘下眼鏡，但是，我的眼鏡包此刻正放在我的行李箱裡，而那個行李箱正放在機艙底下……，如果是你，你會怎麼辦？

拔掉？可是要放哪裡？沒地方擺。

丟掉？下一副在哪裡？而且只戴了一天。

所以我就決定，用我的身體跟無情的大自然搏鬥！我捨不得拔下來，我也捨不得找不到地方放，所以，我就決定跟它拚了！這一拚就拚到了巴黎，整整二十個小時！

當我從戴高樂機場走出來的時候，是巴黎下午的四點多。我一覺醒來，就忙著帶團員辦完所有的事情，領行李、跟接機的人拍照，一陣忙亂後，我忽然想到一件事：我的眼睛為什麼不痛了？

等我想到要把隱形眼鏡拔下來，已經是七天以後的事了，因為一直到那個時候才有空去弄它。可是我只有那一副眼鏡，所以那天晚上拔了，第二天早上又戴回去。這次戴上後，我就徹徹底底忘了這件事，因為它已經跟我的眼睛融為一體、密不可分了！從那一天開始，到目前為止，我每年只在過年的時候拿下來一次，獎勵我的眼睛辛苦了一年，然後，讓隱形眼鏡在水瓶裡睡一個晚上，或者直接丟掉，第二天早上，八個鐘頭睡醒，再拿另一副新的戴上。在新的一年裡，我不點人工淚液、眼藥水，照樣上山、下海、上妝、卸妝，通通不管，但我的眼睛從來沒有讓我失望過。

我得過很多獎盃，我覺得我的眼睛就應該得獎，因為，我沒有碰過第二個跟我一樣

的人。

你說：「真無聊，就算你的眼睛是這樣，跟你的自信有什麼屁關係？」

我說：「對不起，我可以因為我的眼睛而覺得我是唯一、我真的跟你不一樣！」

老天為什麼要賜我這一對眼睛？因為祂要讓我這十餘年的演藝生涯不必戴一副很驢的眼鏡，而無法修正造型，也從來沒有因為眼睛不舒服而打斷演出過，你說，這叫不叫做天賦異秉？如果老天爺給你這樣的特異能耐，你怎麼能夠瞧不起自己？

因為我相信這一點，我相信自己是唯一的、獨特的，我跟其他人不一樣，所以，我在任何時候都很有自信。

你一定要去感覺，因為在你身上一定有別人跟不上你的地方，不管是生理的、精神的、思想的、行為的……，請把那一點極度擴張、千倍膨脹、據為己有，不用客氣，因為那本來就是你的。

◎孤獨和寂寞完全無關。孤獨是選擇，寂寞是被迫。

前不久，〈大老婆俱樂部〉錄影，來了一個個性悲觀的人，一直哀怨自己沒有享受過親情，我就勸他應該要怎麼思考才能好好地走下去，到了節目尾聲，我問了他一個問題，看他有沒有聽懂我的話，現在你也可以試試看：

「冷言冷語，」下面接四個字，你選哪一個？

□反唇相譏

□不要理他

□十分有趣

我的答案是「十分有趣」。

反唇相譏代表「我收了你的冷言冷語」；不要理他代表「我逃避你的冷言冷語」；十分有趣代表「我根本就不在意你的冷言冷語」，一定要這樣，人生當中有太多的冷言、冷語、冷情、冷事、冷機緣……，怎麼辦？就十分有趣囉，尤其在這個節骨眼上，很少有熱的東西。

To be a nice guy, but not a yes man

小時候，我非常急公好義、非常面面俱到，巴不得所有人都為我叫好，現在，我開始慢慢有限度地允許自己創造「壞印象」給人家。

決定「做好人」這件事，在我的生命裡經常發生。

好，是一個形容詞，後面接的是角色，如：好作家、好主持人、好爸爸……等等。

你知道我是曹啟泰，接下來我告訴你：我做什麼？我不做什麼？

◎本著自己的個性做好事

有一天中午，我出門要去談事情，開車經過東豐街，碰到紅燈就停下來了。

綠燈以後，奇怪？前面那輛車沒動靜，它沒走……原來，那輛車的前面有一個老先生，走在馬路正中央，這個老先生順著大安路口，正要往仁愛醫院的方向。他好像什麼都沒聽見，拄著一根拐杖，步履蹣跚地前進著。

◎能有能力睡滿十二小時是一種多大的榮幸？

我前面的那輛計程車按了一聲喇叭後，也沒再多按，就從那位老先生身後繞開，揚長而去。

這時我想到一件事，我要隔著前面那輛計程車才看得見那位老先生，因為我們是從停止的狀況起步，車速比較慢，所以看得到人，如果我用很快的速度離開了，那我後面的車可能是快速開過來，他就不一定看得到人了，所以，我就沒往前開，這樣，我的車可以堵著後面的車，老先生在我的車前面，他是安全的。

可是，綠燈都已經過了三十秒他還在走，我不曉得他到底知不知道後面發生了什麼事？或者……他根本沒法做反應？

後來，我把車停在路中當路障，叫我的助理下車，去扶前面這位老先生到路邊，結果，這位老先生堅持繼續往前走，他橫過了大安路之後又要橫過東豐街，這時候，我們這邊已經變紅燈了，東豐街剛轉綠燈，老先生又要往對面走過去。

接著，我把車直接往前移，橫在東豐街的街口，然後下車，問我的助理是什麼狀況？原來，老先生要去仁愛醫院。

大家應該知道，大安路是沒有人行道的，全部都是快車道，仁愛路前面那一整排全部停滿計程車，行人連走路的地方都沒有，仁愛醫院又是個市立醫院，每天一大堆老人家進進出出的，他一個人這樣走，怎麼可以？

我就把車門打開，請那位老先生坐進來，我的助理就把他扶進來坐在前座，她自己

坐在後座，老先生也搞不清楚怎麼回事，就一直說：「謝謝，太麻煩了。」我問他要到仁愛醫院的前門？後門？老先生說到後門那邊就可以了。我堅持幫他繞到前門門口去，這樣他就不用再多走一段路，不用再置身車水馬龍的路上。

我顧不了他一輩子，我起碼可以顧當天，因為我碰到了。我講這個事情，也許有人會說：

「曹啟泰，你在沽名釣譽啊？」

我不告訴你，你也不知道我幹過這個事情。我只覺得，他就是我那天碰到的事，然後，我就要本著我自己的個性，用對的方式把它做完。就是這樣。

如果你認為我是曹啟泰，這裡是台灣臺北，所以我才這麼做，那我的車呼嘯而過，大概也沒人知道我是誰？

◎你以為我都做好事？

看起來，我好像都在教大家熱心公益？我是；看起來，我都在教你多管閒事？我是。但我告訴你，我也很壞，因為我覺得人都是相對的。我對微笑的人給與微笑；對於不禮貌的人我就不會客氣，我是這樣的一個人。

所有的一切都應該發自本性，來自內心，忠於自己。

◎關上一扇窗之前，多吸一口氣。

有一次在電梯裡面，我碰到一位長者，當天我帶著我養的流浪犬。

「你住哪裡？」（他的口氣非常不友善）

「……」（當時我背對著他）

「你住幾樓的？」

「我住八樓。」

「什麼時候搬來的？」

「……」

「這狗誰的？」

「我的。」

「我們這裡本來沒有養狗的！」

那是他的規定，沒有人說那裡不能養狗，也沒有人不養狗，那裡面的很多住戶都養了狗。可能……他不喜歡狗。

「這條狗是我的，牠就住這兒，牠愛住哪兒就住哪兒。」

我覺得他的態度非常不友善，也非常沒有一個長者應該有的尊嚴，所以我覺得，既然我碰上了，就讓我來處理一次吧，何必讓下一次一個更衝動的年輕人因為這樣，發生

更嚴重的事情。

「我就住這兒，這狗也住這，這裡沒規定不能養狗，你住幾樓？」

「我……住十幾樓！」（他支支吾吾）

「到底是第十幾樓？我說了我住八樓，那你是住幾樓？」

他被我弄得有點尷尬，但口中還不斷唸唸有詞：「為什麼有狗？為什麼養狗？」這時候我的狗跑掉了，接下來，我就對著樓梯間大喊我那隻狗的名字：

「回來！你去哪裡多管閒事？回來，你給我過來！」

那老先生突然聽懂了，摸摸鼻子就走了。

我真的滿沒禮貌也很不客氣，但現在想想，我還是沒有不對，「人必自侮而後人侮之。」

你在別人需要幫助的時候，一定要幫人，那時候不幫人就是你不對；你在不需要受辱的時候受辱，就是你不對。什麼叫好人？這樣子我才覺得是好人。

◎人，一定要有反彈的能力

現在的我是這樣的個性，之前的我，只有你認為是「好人」的那一面，可是，我覺得那樣是不對的。如果只有那樣一面，是不夠去應付你的人生，那會吃很多不必要的苦

◎小腳趾的用處是什麼？你的用處呢？

頭，你會沒有抵抗的能力，你有很多的悲哀、痛苦會往自己的心裡吞，你沒有在適當的時候做反擊，你變成了辛苦了自己。換句話說，對不起愛惜你的人。

我不認為你應該要無止盡地去放射自己，但一定要有能力保護自己，跟做適度的反彈，要讓自己做「球」，我不是要你去做「刺蝟」，刺蝟是人家不管長什麼形狀都會被你刺到，我要你做球，什麼東西來就什麼東西回去，對方如果是柔軟的，你就柔軟；可是對方如果是堅硬的，你就要有能力把它彈回去，我沒有要你回頭刺他，因為兩個針尖對不準。你試著拿兩根針：一隻在左手，一隻在右手，兩個對刺，結果是什麼？兩隻手都是洞。

這是所有人間的狀況。

要如何才能夠不受傷？就是：不管你拿什麼刺我，我都彈得回去。我是柔軟到你針刺進來就陷進來，然後，我彈回去你就回去了。可是你千萬不要沒有反彈的能力，我不認為我應該要有針尖，因為我知道，當我拿針尖去對人家的針尖，我永遠都對不準。就是……你身上有我留下的洞，我身上有你留下的洞，我們兩個都會弄得頭破血流。

可是，你一定要有反彈的能力。

現在，我越來越覺得俯仰無愧，沒有任何不心安理得的地方，既沒有覺得欺負了別人，更沒有覺得委屈了自己。這一點很重要。

有人老是自怨自艾：「為什麼每個人都欺負我！」然後委屈得不得了。

委屈的人活該！

如果你現在心中有委屈，我都會說：「那是你活該！」為什麼？老天爺一定會給你回應的機會跟證明的方法，只是你錯失了，所以，如果你受了委屈，請告訴你自己，那是你自己活該，下次不要再受委屈了。

請不要客氣，一定要記得去羞辱值得羞辱的人，記住，不是必須去羞辱人，而是「值得」羞辱的人。有時候，你羞辱他是去激發他的動力；有時候，你羞辱他是使他尊重你。

對人，絕對不是謙卑就可以萬能的。

◎盯著一個字看很久，會越看越不認識，看人也一樣。

貴人是怎麼出現的?

在你缺什麼的時候，給你什麼的就是「貴人」。順便告訴大家，貴人是怎麼來的?貴人是培養來的，平時就要把自己的誠意準備好，不要把貴人嚇跑了。

問大家一個問題：「你有沒有覺得，你的生命中曾經有貴人相助?」

「有!」

可是，多半都是在整理回憶時，你才知道當時的那個人是貴人，你的很多轉折、改變都跟他有關，他對你有很大的影響。但是，都是走過以後才驚覺。可不可以……提前在當時就知道?這樣，有可能用得更好。

很多人都說：「你是我生命中的貴人!」這句話叫做「客套話」。可是你有沒有真的清楚感覺過：「啊，你是我生命中的貴人!」而且是在「當下」?請把這個思想放在當下，當你有一絲絲感覺對方「可能是貴人」的時候，就請確定他是，因為你的做法會完全不同。

◎貴氣無所不在

「我這輩子哪來的貴人？我一連走了二十年的衰運！背得要死！」

常常可以聽到這樣的抱怨。很少會聽到人家說：「我最近碰到一個貴人。」而且是「現在進行式」，大部分都是「完成式」，有的是十年前認得的人，但當時沒有覺得對方是貴人，可能覺得不錯，但不知道有那麼大的影響力。

這個態度要改，從現在起，要找貴人、抓貴人、巴著貴人不放。可是絕大多數人做不到，原因有三：

第一，因為沒有敏銳地去感受過「誰是貴人？」怕抓錯；

第二，怕把貴人嚇跑；

第三，通常因為後知後覺。

我問你：「如果時光能夠倒轉，回到你碰到貴人的那個時間點，你會不會有小小不同的做法？」有可能做法改變，結果不同，會在當時或今日獲得更好的結果。

那，是不是可以在當下就對那位貴人多做一點？多用一點？多拿一點？多聽一點？多學一點？

我跟大家不同的是，我的貴人在前面，而且我知道他快來了，貴人還沒來，我就知

◎閉上雙眼，通常才知道顏色是什麼。

道他要來了。用這種感覺去迎接你可能面對的每一件事，你就會發現：

「一件壞事可能變成一件普通事；一件普通事可能變成一件好事；一件好事可能變成一個機會；一個機會可能變成一個良機；一個良機可能變成一個轉捩點。」

以上我講的整件事，最大的差異點在哪裡?在你的觀感。有些人隨著命運動，有些人追著命運跑，有些人坐在命運的肩膀上往前飛行。當下就去找到你的貴人，培養你對貴人的敏銳度，久而久之，你就會開始感受到還沒到臨的貴人氣味。

◎仔細品味命運的痕跡

有很多人在艱難困苦的過程中被煙滅，那可能真的是「時運不濟」。我用這四個字有真切的感受和用意。

「時」，軋錢最在意的就是時間，能不能趕上三點半?錢能借多久?多快能拿到?那都是時間。

「運」，錢在哪裡?誰借給你?他在哪裡?他今天什麼心情?

「濟」，代表接續、代表來得及、代表幫助、代表「時」「運」有在必要的關頭接連而來，而且，接得剛剛好。

這些年我始終慶幸的是自己有「濟」這個字，它也是這四個字裡最要緊的。請注意你身上曾經發生的類似符號，並且用來鼓舞你自己。我發生過很多很多次無法解釋的巧

合，讓我只有一個念頭：「我，怎麼死的了？」

一九九六—一九九七年間，我有兩次「救命的颱風假」，那印象非常清晰。兩次都是軋不到錢的絕望當口，兩次都是茫然無措的退票前一夜，兩次都清楚地聽見電視機裡頭新聞主播宣佈著：「颱風來了！」兩次都是到最後時刻才決定第二天停止上班上課，那……銀行理所當然也休息！金融中心停止作業！那意思是：

「我第二天不會退票！」

憑空掉下來的二十四小時像是一種上天的鼓勵，要我打起精神掌握機會！就是因為打起精神，就是因為第二天不用上班，所以，我才可以找到原本四處奔忙的貴人，人家也是因為難得的颱風天不得已要關在家裡！沒有颱風，我的票子早就跳了；沒有颱風，人是找不到的；沒有颱風，就算找到人，對方也沒空裡你；最重要的，如果沒有颱風，我就不會覺得「時運濟」！或許就忘記要打起精神，結局就不知道會是怎樣？

一模一樣的事情，總共發生兩次。一次，算是湊巧好運，兩次，你就不得不說我好命了。好命好運，你說我還能怪命運嗎？「命」是理當如此，所以我們說某些人天生好命；「運」是何以至此，所以我們說造化弄人。

你有沒有在生活中仔細品味命運的痕跡？你有沒有承受著好命好運卻忘記感恩？你有沒有稍稍受點委屈就怨天尤人？你或許想說：「你不是我，沒我的命運！」我偷偷告

◎誰都曾仔細觀察別人，卻對自己的背影最陌生。

訴你，我能有好運的訣竅在哪裡？

在這本書當中，我描寫了一大堆潦倒失算的過程，但我有沒有賴罪老天爺？我最最感謝的是誰？是老天爺！請牢牢記住，沒有人會在你一陣咒罵之後還疼你、幫你！借錢給你的人如此，老天爺亦然！

我記得一個修行的朋友告訴我：「財神爺喜歡香噴噴的人。」

我想，這個「香噴噴」的意思，應該不僅是洗乾淨、噴香香，還包括可掬的笑容、得宜的舉止、溫暖的情操、開闊的心。你香嗎？你對人對事都香噴噴嗎？如果是，別人會樂意幫你，財神爺會親近你，老天爺的好運之神會主動來找你，一如祂們也不曾遺棄我一樣。

◎貴人是培養來的

我們再來看一個例子。

小孩子懂不懂什麼叫危險？不知道。小孩子什麼時候才會知道危險？等到被一根竹竿戳到，受過傷以後；那麼你媽呢？她還沒看到那根竹竿，她就能夠預知危險，很簡單，因為那裡叫做「戶外」，那裡叫做「隔壁的後院」，那附近都是「竹籬笆」、那個地方「平常沒整理」……，所以她能夠預知危險。

同樣的道理，我們通常都是貴人已經擦肩而過，撞個滿懷，然後你被他春風雨露一

番，等事過境遷再回想，才知道：唉呀，當時他真是我的貴人！多可惜，你既來不及感覺、來不及用、來不及迎接、來不及諂媚就過了，你猜，你這輩子有多少貴人？錯過一個少一個。

所以，我提醒大家多忙一點「怎麼樣迎接下一個好機會？」「怎麼樣確定眼前這個是貴人？」這方面的事，這其實是有符號可資辨別的，我們談過所有的人都有獨特之處，你要在第一時間聞到別人身上哪裡貴？

我其實很謝謝一些出現在生命中的貴人，但我絕對相信那也要你自己的努力跟可信賴，才會有貴人幫你，不要讓貴人跑掉，把自己完整的態度準備好。

你知道貴人是怎麼來的？貴人是培養來的。

貴人的定義因人而異，有的認為「給錢」的是貴人，有的認為「給機會」的是貴人，有的認為「給教訓」的是貴人，不論如何，一定有一樣東西是你要對他打開，他才會對你打開，你跟他如果沒有互動，他的貴氣也不會到你身上。

那我們現在就來看，你有沒有辦法預先知道貴人要來？我再積極地告訴大家，你身旁有一大堆的貴人，可是，你有沒有在積極地做互動？你有沒有把你最差的那一面和他最好的那一面做銜接？讓他把真氣渡給你？所以，貴人不但是可以迎接的，貴人還是可以培養的。

◎孤獨和寂寞完全無關。孤獨是選擇，寂寞是被迫。

◎每一個寒暄都是一個機會

舉個例子：前些時候，我在餐廳跟人吃飯談事情，旁邊忽然有一個人經過，他還拍著我的肩膀喊：「啟泰！」

現在會直接叫我名字的人不多，以前公司的同事或生意圈的人一定稱我「曹先生」；影迷都叫我「曹啟泰」；傳播圈通常喊我「啟泰哥、泰哥、曹哥」。所以，會叫我「啟泰」的人就所剩不多。當時，我雖然沒有馬上認出對方是誰，但我臉上一直堆滿笑容，這個就是平常有沒有訓練好自己的敏銳反應，不要把貴人嚇跑。

有人說：「神經病，馬路上碰到一個人，我怎麼知道他是不是貴人？」

如果當時我第一個反應是：「你是誰？」然後臉色很嚴峻，就算是貴人，也走了。雖然，我們不確定對方是不是貴人，但至少確定他沒有被嚇跑；接著他說：「我是＊＊＊」我就開始認人。

很多人反應慢，沒有從蛛絲馬跡裡判讀出來對方可能跟你關係非比尋常，可是，我在第一時間就有反應，我的臉上一直是笑容，我不覺得他是個陌生人，他一定不是，不然，他不會那樣叫我。我的邏輯是這樣，那麼你的邏輯呢？你要建立自己的邏輯跟反應。

後來確定那個人是我高中同學，他胖了。

「我以前搞音響，現在就做音響工程，你怎麼樣？這是我的名片，上面有我的電話，有空再聯絡！」

這句話像不像一句寒暄？你一天是不是會碰到很多次？一定常常有，如果你一百次都放掉，我就確定你今天沒有碰到貴人了；一百個都撿起來，沒有，也不可惜，但說不定裡面有。

我更積極，不但把這一百個撿起來，還有辦法把這一百個都變貴人，重點在哪裡：他會不會是我財務上的貴人？大概不會。可是，如果我又起個會，他會不會是其中一個會腳？（可能性突然大增，因為他是高中同學，現在有固定工作，我還有他的名片在手上，因緣是不是就可以聯繫起來？）可是，就生意、事業裡面要用到音響工程的部分，你是不是有了一個無須詢價、可以拿到真實價格、直話直說、就算被坑了你也甘願的人？那，你怎麼知道你未來不會碰到某一件事，裡面需要一套音響工程，而他是決定你那個事業成敗的決定性關鍵？

趕快把這個貴人放進口袋。快！

所以，那「一天一百次無效的寒暄」，跟我「一天可能收了一百個貴人在口袋」，你猜，我跟你的輸贏是不是早就決定了？

◎生命的意義是站立，躺平後是別人的生命。

每一個人都可以當你的貴人，每一個人都可以在你生命當中的某一階段、某一個時間的某一件事上，在你最需要的虛弱部分，他有那個最強悍而明顯的長處可以成為你的貴人。

所以，如果你有夠大的錦囊可以把這些人都放進去，你的貴人就可以層出不窮，人家等著碰上貴人，你不用，你的貴人都在口袋裡。人家叫做可遇不可求的貴人，你的叫做「口袋名單」「口袋貴人」，而且，你要把他們背得一清二楚，這是你一定要做好的功課。

圓滿

請用「圓滿」的心重新審視跟思考所有已發生的事，包括現在正在谷底的你，或許失去工作、或許失去家人、或許失去財產，不管是什麼，請圓圓滿滿去思考。

在做生意、軋支票那個很辛苦的過程中，我為什麼沒跑路？很多人都跑掉了。

我為什麼沒跑？因為我很討厭演別人演過的戲、講別人講過的台詞，人家已經演過的，我不演。在我太太的前一次婚姻裡，有人跑掉了，所以我不能再演一遍，她前夫做生意失敗，跑路了，留下的債務由她一個人負責，結果，我也把生意搞垮了，重覆的戲碼已經夠難看了，所以我不會跑，我不會做那樣的男人，我的個性做不到。

想放掉兒女，可是我體會過臭皮的處境；想打小孩，可是我以前也被扁過；想要當個嚴肅的父親，看看自己的老爸，也算了。那些角色都被演過了，我要演一個人家沒有演過的角色，不能講「前無古人，後無來者」，但要講「我是唯一」，這一點人家不能攻擊，因為你跟我真的不太一樣，總有地方不一樣。

我一直在想：「做一個爸爸是什麼樣子？」「可以當一個怎樣的老闆？」我覺得，

◎人生的喜樂就在開闊地擁抱悲哀。

我在爸爸、丈夫、兒子這些角色上扮演得不錯，主持人好的不得了，可是，我在「老闆」這個角色上演得不好，所以，這個戲應該還會有續集，因為沒證明就不好玩了。我還不想蓋棺論定，索性時間還很長。

◎把握人生的「真正有效期」

前陣子，我去高雄佛光山錄一個節目。發通告給我的是一個長輩，他真的是我的長輩，他是我舅舅的好朋友（我舅舅已經過世非常多年了，將近四十年了），他在當現場執行，不時可以聽到他在做指揮：「不要這樣！欸，你不能這樣，你不能那樣……」看他那樣跑上跑下、充滿了活力，我忍不住問他：「到底幾歲了？」他也忍不住告訴我：「六十八歲了。」我真的忍不住吐了一下舌頭：

「天啊，六十八歲喔！」

各位，聽到我形容了這樣一個人，你在想什麼？我看到他的第一個反應是：「我靠！我到他這個年紀還會這麼有活力耶！天啊，這當中我還有好多時間！」我只想到這個。然後，我渾身上下就忍不住動起來了。

原來，到六十八歲的時候，也可以像他那個樣子！那，從現在到那個時候，我還有很多機會把我還沒有演好的角色演好！

所以，每一件事情都請拿來問我，我再解釋一遍給你聽，你的想法就會不同。請你

用燃燒期去計算你的生命長短，而不要用你的實際年齡。打個比方，當我們問瓦斯行老闆：

「老闆，你這筒瓦斯可以燒多久？」

你覺得算的是什麼時間？從瓦斯開始點火到它燒完嘛！而不是從它被搬進你家到它燒完。

你也可以一筒瓦斯放了十年沒燒過，有很多人是這個樣子，放到要搬家、鐵筒已經壞了，瓦斯都還沒燒過。那你猜，那些瓦斯最後要去哪裡？

「它會漏光、不見了！」這是一種。

「有的發生意外，半路就爆了！」這是另一種。

但是，有很多人在半筒瓦斯都還沒燒到的時候就說：「這瓦斯已經擺太久了！」可是他真的不知道，他那個瓦斯筒裡還剩一大半！如果你現在三十八歲，恭喜你，你的瓦斯根本只用了三分之一不到呢，這樣，有沒有覺得信心十足？

◎阿咪老師的喪姐意外

在紐約「九一一恐怖事件」發生後一個星期，台灣來了一個威力強大的納莉颱風（二〇〇一年九月十八日）。

◎忽然的事其實從來未曾忽然過。

風災後沒幾天，我去錄影，聽到我們Keyboard老師的姐姐在風災中罹難了，大夥兒都上前去安慰。

我跟他聊了很多，聊著聊著，談到了「無常」，那位琴師很訝異：「啟泰哥，你是佛教徒嗎？要不然，為什麼你對這事情這麼有感覺？」我說，我從小就是一個沒有堅持的人，我外婆是個基督徒，所以我跟著她去教堂做禮拜、唱聖歌、做蛋糕、報佳音，可是，我也上香、拜拜，神佛我都喜歡，不管看到哪個，我都很高興。

因為那位琴師的姐姐已經出家七、八年了，所以，他們兄弟姐妹都還滿平靜的，只是，父母親不太能接受。他說，姐姐好像事先都準備好了一樣，所有東西收得整整齊齊的，事後，還有托夢給他們。因為他姐姐是在颱風中喪生的，事後，台北市政府還打電話詢問要不要幫忙處理弔唁方面的事。他說他們都不要這些，覺得承擔不起，他還問我該不該收？我告訴他：

「你也不用覺得承擔不起，承擔不起只是因為不圓滿，因為你收了不圓滿，你只要回到心裡的感覺就好，順著你的心意不勉強而自自然然，就是圓滿。其餘的，就不用再多想了。你姐姐雖然這樣離開，如果你們周邊的感覺是平安的、是泰然的，我覺得那就是個圓滿。」

他說：「啟泰哥，你好想得開！」我趕忙繼續跟他解釋：

「我不是想得開，我只是有在想而已。如果你說我想得開，我就覺得不太圓滿了。因

為我其實不能講這句話，我不能說我想得開，因為我還在努力，我還在奮鬥，我還在發展，我還在釋放，我還在吸收。原因很簡單，因為我得到那麼多，我不還掉怎麼走？那太不圓滿了，我現在忙得不得了，一大堆事情還沒學、還沒做，我怎麼走得掉？我現在一點都不圓滿，所以，我必須不停地做、用力地做、趕快地做，要還回去。」

◎劉錫明的鬼月婚禮

在納莉颱風發生的前一個夜裡，我去幫另一個藝人劉錫明主持婚禮，多年前我們曾經一起搭檔主持節目。

為了他的婚禮，我們前後碰過兩次面。因為他是香港人，要在台灣請喜酒，有很多事情不懂，要聽我的意見。他自己本身會算紫微斗數，所以也沒翻黃曆就很自信地選了一個好日子。等酒席都訂好、帖子都發了，才有一個多事的人問他：「那一天大家都在拜拜送好兄弟，怎麼你在那邊請喜酒？」原來，他的婚禮剛好在鬼月的最後一天（因為他沒有把閏月算進去）！

我看出他的耽憂，就告訴他：「有什麼關係？那就是姻緣天註定，你非要挑這一天，那就是機緣。你要娶這個人也是個機緣，以後會碰到什麼事也是機緣，如果這樣想，事情不就不在了嗎？」聊完之後，他就安心回去了。

◎投資，是一種用頭去資助他人的行為。

在婚禮舉行前，他又約我一定要再碰個面，因為，他覺得就要結婚了，可是好像什麼事都沒辦好。就在我們剛起頭沒多久，餐廳的電視就傳來一則報導：「有一個颱風接近了，預計明晚登陸……」他一聽大驚，擔心沒有人來吃喜酒。我知道當事者真的會很慌，你請了酒，擺了三十桌，可是偏偏明晚大颱風，又是鬼月的最後一天，一切都是你沒料到的，你怎麼會搞了一個這樣的事情？他真的快瘋了。我就跟他講：

「婚禮需要的是什麼？需要的是每個人都忘不掉，需要的是每個人的祝福。明晚老天幫你做了兩次檢查：因為鬼月，客人不來；因為颱風，客人不來。以前他們沒有藉口，只能說因為塞車，所以晚來；只能說因為臨時有事不能來，這些都是爛理由。你幫好多人找到了好藉口，他可以不來，可是，這些人原本也沒有要來。所以剩下的，都是真正想來的，都是真心為祝福你而來的，誰有你運氣這麼好的婚禮？你怎麼有機會這樣檢查你的賓客？」

他還是很焦慮。

我跟他打包票，明晚即使只有三桌，我也有辦法讓它變成一個溫馨、讓人開心的婚禮，因為他找了我當主持人，有我，一切就搞定了，不用擔心。就算到時只有他們一對新人和雙方家長，我都會讓大家眉開眼笑，因為我一定會到。

聽完後，他跟我千謝萬謝，可是我看得出他心裡還是不圓滿。但是我盡力。

第二天，雖然淒風苦雨，人卻來得很多！我趕緊跟劉錫明恭喜：「你看，有那麼多

人願意冒著風雨來吃你的喜酒！溫兆倫還冒著風雨從香港搭飛機來！我把回新加坡的班機往後延也是為了你，讓你的朋友覺得讓你驕傲，這是多好的一件事！」

他聽了之後，整個感覺就不太一樣了。

那天晚上，席開三十幾桌，連預備桌都派上用場了，我這個總主持人一上台，隨即跟現場賓客宣佈兩個好消息：

「第一，剛剛新聞傳來，因為颱風，台北明天不上班；第二，因為今晚是颱風夜，所以路上沒有臨檢，大家不用太提心吊膽！」

話才一講完，全場的人都好開心！

那個喜宴的場地形狀也不好，它是一個橫條形，禮堂放中間，對右是歪著臉，對左也是歪著臉，正面只能放兩桌，打橫的場地其實很難用，於是，我就發揮我獨一無二的主持天賦，我告訴在場來賓：

「各位，你們知道為什麼要挑這個場地？因為，全台北市長成這樣的場地實在沒幾個，可是，只有這種場地最適合婚禮了，它是特別挑出來的，現在舞台右手邊是女方親友，左手邊是男方親友，只要那邊還有沒嫁的，都是你們可以選擇的對象，這邊都是男方，都是妳們可以考慮的對象。這場地多好玩？這是我們特別挑的。」

是不是幾句話就讓整個感覺不一樣？讓所有可能的抱怨也不一樣。後來，婚禮還沒

◎誰都曾仔細觀察別人，卻對自己的背影最陌生。

結束我就先走了，因為我要搭第二天早上六點的飛機，離開前，我跟劉錫明說：「你看，多圓滿！」

◎沈慶京先生的京華城

這個納莉颱風，也讓我想到沈慶京先生，以及泡水的京華城。

我不認識沈先生，只片段的看過《突圍》那本書，在裡面，我彷彿看到一種赤子之心。我不能跟他相提並論，不管是在事業的規模，或是其他很多事情上，但在某一種心境上，我覺得有同理心，我看到他奮鬥多年，經歷許多波折，一路苦過來，眼看京華城開幕在即，一場大水（納莉颱風），就讓他賠掉了好幾十億，而附近的微風廣場卻風風光光地開幕了。

如果你曾經耕耘那麼久，曾經努力過那麼久，看到一個美夢即將成真，在那個成真的前一刻，突然泡了水，然後還要再延後開幕，多多少少都有點悶吧？那些可都是商機！我當時就在想：

「沈慶京這時候在想什麼？」

我不知道他的感覺圓不圓滿？希望是，我希望他的感覺很圓滿。當人在發生重大事情後，最能夠支撐他們的，不是這件事情發不發生，而是發生之後的念頭是什麼？你不能夠讓事情不發生，所以，我祝福所有在災難後、在意外後、在困苦後的朋友，在這時

候的感覺是圓滿的。

◎我，隨時都是最佳狀況！

在這些年裡，有很多人跟我說過「欸，我幫你算命！」「欸，我們去看那個大師！」「欸，聽說那裡有個半仙！」

我告訴所有人：「我不算命的，沒什麼好算的。」

在我生意很悲、很苦、很慘的時候沒有去算過命。我那時心裡想到的都是好消息，所以，也不需要別人跟我講好消息，儘管，好消息都沒出現。如果你要告訴我很慘的，我何必要聽？我已經夠慘了！所以我都不去算命。

我們說「那個人算的好準！」都是指算「過去」算的好準，而不是指「未來」算的好準。他講你的過去很準，但是他講你的未來很準嗎？你怎麼知道？而且，你一定要記得算命有一個邏輯：

「算命，不是一個人的命，算命，是兩個人的命，因為，是人在算人。」

有沒有想過這件事？你不是在一個機器房裡面算，而是有一個人在幫你算，這個人有沒有命？一定有，那，這個人的命，現在正在算得準的那一年？還是在算不準的那一年？他正在他算命生涯的高潮？還是低潮？今天是他算命生涯的吉日？還是凶日？如果

◎一瞬與永恆，根本是一個字。一瞬總決定了永恆，永恆的回憶只有某一瞬間。

撞上對方的凶日去算命，你是不是就倒楣了？你在他算不準的那一天，花同樣代價去算命，你是不是就是笨蛋？

對囉，如果你那一天已經很背了，我說，十有八九你會撞上他很背的那一天，否則你怎麼叫「很背」？這是一般人常會忘掉的邏輯，也是我為什麼不算命的原因。要算命可以，老天幫我算，自然幫我算，命運幫我算命，我接受，人幫我算命，謝啦，我不想把我的命架在別人的命旁邊，沒有必要。

劉錫明在很多年前幫我算過命，就是我狀況最慘的那個時候。當他說要幫我算命的時候，我也隨便他，因為他那時候初學，也是半調子，可是，說不定這樣的人最真實，因為他不會有什麼忌諱、也沒有下一個人在排隊。

他那個命盤怎麼排的我也不清楚，一排就排到七十幾歲：一個×，代表不好；兩個×，很不好；三個×，太不好；四個×，不好到極點。

我記得，一連看了十幾年之後，才看到一個○，然後又一個×，最好的狀況是兩個○（好像是在我三十歲前後），再來是兩個×，三個×，那時我骨子裡的狀況也只有我知道，別人都不知道。我看當時的運勢是三個×。

「如果你看到你現在是三個×，你會想什麼？」

我在心裡暗暗笑了一下，因為一整排看過去，再沒有比當時三個×更糟的情況。之

後，就是一個○、一個○、兩個○……，然後，到了五十幾歲的時候，我突然看到一個怪現象：三個○、然後還有四個○、五個○、四個○……所以，我看了就很開心。

前面最糟的，我已經過了，所以我就很愉快。

如果你現在失業，我勸你趕快休息，因為你後來可能沒有時間再休息，你為什麼要覺得好苦？在我失業的時候（在我十五年的演藝生涯裡，突然有一瞬間，節目完全停了！），我心裡想：

「完了，我毀了！」

可是，在毀了沒多久之後，節目又來了。有一個很大的原因：我一直繼續保持最佳狀態（**Ready for everything**），所以機會馬上又回來了。

以前，在我忙著做事業、軋支票的那幾年，生活裡是沒有空白的，我永遠在忙，永遠沒有自己的時間。最近兩年多，我都在打高爾夫球，錄影以外的時間，都在休息：看電影、吃館子，晚上打練習場，我這樣過了整整兩年，直到二○○一年七月，生日一過，我就接到一通電話，接下了新加坡的《百萬大贏家》主持工作，每個人看到我都說：

「你的氣勢回來了！」

當很多人都這麼說的時候，你就要相信那是真的。其實，就算沒人說，我也覺得那

◎關上一扇窗之前，多吸一口氣。

是真的！這一點很重要，誰能為你打氣？只有自己能為自己打氣。你現在如果失業，就好好珍惜這段時光，想幹嘛就趕快去做，因為，很快你就要開始忙了。

◎沒有更好，但不會更糟

我並非少年得志。在成長過程中，我一路都跌跌撞撞，大大小小的挫折、失敗不計其數，只是做生意的那一跤，摔得又長、又重、又茲事體大、又年事漸長。那跟懵懂無知的摔跤是有實際差別的，還好，我那一跤是發生在我最年輕力壯的時候，三十歲，還有能力抵擋這一切，如果換個時空，真的吃不消。年紀再小一點，捅不了那麼大的洞，年紀再大一點，不允許捅那麼大的洞。如果到了四十歲還捅這樣的洞，那會再也回不來了，因為已經沒有足夠的體力去那樣做，也不值得原諒。（瞧，我多麼能夠為自己打氣？）

我不介意人犯錯，但是我介意他在什麼狀況下犯錯：第一個，知道的情況下叫「明知故犯」；第二個，你該懂事而不懂事，你該瞭解而不瞭解，你該發現而沒發現。所以，錯的本身不重要，重要的是：誰犯了？在什麼狀況下犯了？幾歲了？

如果你今天正在負債、處於困難中，不要急，我們先來評估幾件事：你幾歲？你在什麼狀況下讓自己陷於這樣的狀況？是外在的環境影響你？還是你自己造成的？這些都可以清楚算過，然後，你就知道帳算在誰頭上。

如果算了一百次，發現所有的帳都只能算在自己頭上，你放心，你有救了！如果一個人在不爽的時候，問了一百次，錯都還是在自己，這個人真了不起，放眼現在的政壇，都找不到這樣的人，這樣的人很了不起，可以反求諸己到這種地步！還是值得鼓勵！請用「圓滿」的心，重新審視、思考所有已發生的事。

在這本書裡，我提供了很多對人、對事的看法，以及我對圓滿的感覺。

我覺得，與其去描述過去八年那個過程的痛苦或辛苦，遠不如我把我這個辛苦過程之後的結論告訴你，如果你能夠直接擁有這個結論，你其實未必一定要經過那樣的辛苦，因為，我不覺得你有那個運氣「經過」那個辛苦，因為你可能經不過，而且，你可能也沒有運氣好到有那麼多辛苦。

有一句俗話：「不經一事不長一智。」我很確定不經事不長智，但是我不確定經一事必然長一智，有些人經十事也沒長一智，有些人經一事長十智，所以，不要拿這句話騙自己或騙別人。

我只說：「經事才長智。」你可以讓自己經一事長十智，或，經十事長一智，可是有人經事不長智。這幾種人，你選一種做。

◎我們連自己的腦子都管不住，你想管誰？

附錄

◎送你一支煙，讓你看見一片青雲直上的未來。

◎一瞬與永恆，根本是一個字。一瞬總決定了永恆，永恆的回憶只有某一瞬間。

◎忽然的事其實從來未曾忽然過。

◎選擇也是命運。

◎人生的喜樂就在開闊地擁抱悲哀。

◎生命的意義是站立，躺平後是別人的生命。

◎孤獨和寂寞完全無關。孤獨是選擇，寂寞是被迫。

◎關上一扇窗之前，多吸一口氣。

◎我們連自己的腦子都管不住，你想管誰？

◎投資，是一種用頭去資助他人的行為。

◎握手，就是兩個人用身體最遙遠的方式接觸。

◎誰都曾仔細觀察別人，卻對自己的背影最陌生。

◎閉上雙眼，通常才知道顏色是什麼。

◎盯著一個字看很久，會越看越不認識，看人也一樣。

◎小腳趾的用處是什麼？你的用處呢？

◎牙刷是最委屈的，它永遠在你最臭的時候碰見你。

◎不曾經揮霍的人怎懂滿足？

◎虛榮，是一種安慰；安慰，是一種躲避；躲避，是一種舒展；舒展，是一種虛榮。

◎為什麼會說話？為什麼自己那麼會說話？為什麼自己總必須在那麼多時刻那麼懂得會說話？以至於，錯過那麼多無聲的美好。

◎滿足與不滿足之間，只是一次深呼吸。滿足，來自於有空思考；驕傲，來自於思考之後無憾。

◎有知的活，是最大的富足。（二〇〇〇年十月一日時報五十周年余先生的一滴眼淚）

◎能有能力睡滿十二小時是一種多大的榮幸？

◎不說話的人，是因為他通常也閉上了心。

◎接受他讚美的時候，要檢查說話的他有什麼優點？讚美你的人如果沒什麼優點，你也就不必高興了。

◎說笑話的人最怕哭不出來。

◎青菜水果難看的最好，跟人一樣；青菜水果可以醜、不能爛，也跟人一樣。

◎要先成就自己，才能榮耀別人。

◎愛，通常是所有情操中，最無聲的一種。

後記

鄭斐如

二〇〇一年夏天，在一個很匆促的狀況下和曹啟泰先生碰面。

先前，對他的印象很多、很雜：是「天生贏家」「好彩頭」「江山萬里晴」那個主持人、《時報周刊》《TVBS周刊》那個專欄作者、還曾是「中天」的什麼總監之類、還看過「芝麻英語」「大老婆俱樂部」……諸如此類，細細碎碎。如此不專業，以他見慣場面的經驗，想必早在第一次碰面的時候就看到了這一點。不過，他仍舊是一貫的態度「來吧！」

錄音期間，一些可能會派上用場的東西，都會出現在隨手可拿的地方，那可能是：一堆剪報資料、一條延長線、或者是錄音機之類。（純屬巧合嗎!?）

他的腦袋裡似乎有著快閃記憶體，對於這本書有過幾種想法，情緒也隨當天的主題，又變了！既然趕不上他變化的速度，就乾脆站在原點不動，看著不同日子裡的他，從不同角度說著他想說的話，一邊聽，一邊想：「上次的，該不會又……」我看不見自己的表情，但想必是一臉兇巴巴的。

和一個曾是最佳辯士、也曾是幕後編劇共同完成書稿，說輕鬆很輕鬆，說吃力也很

吃力：一個不經意的話題，可以是當天全場發揮的焦點，自成段落；一句用字譴詞，真要挑剔起來，也可以精闢入裡。某次，他對我在memo寫下的「繁華落盡」四個字有意見。

「如果是我的形容，它就是一場很過癮的生病，很過癮！好比，你交了一大筆錢去唸哈佛大學，很辛苦，書唸完了就畢業了，就拿到證書了，但你不會形容那是繁華落盡，那是……很過癮！」

無言以對。當事人對他曾經有過的婚姻大業，下了一個這麼無悔的注腳，不囉嗦，默默地將原本的字眼**Deleted**掉，重新打上中氣十足的「過癮」兩個字。

過把癮就死，任性一點的人，也許就這麼做了，但是他沒有，即便曾經起心動念無數次，還是選擇好好活著，「你要求好，就是在鼓勵自己；你要求好，就是在報答愛你的人。」這句話在錄音期間，前前後後出現過好幾次。

比起那些軋票軋到只剩一口氣的驚心動魄，以上這些都是微不足道的生活瑣碎，但在舉手投足間，很多事情不言而喻：為何他能一直維持住自己，為何他的貴人層出不窮。

其實，在這本書的作業過程中，他一直是那個被催著錄音、被催著看稿的人，時間總是很緊，臨截稿前，自己又默默補了幾千字進去，現在，他又有別的事要忙了，祝福這隻打不死的蟑螂！

國家圖書館出版品預行編目資料

一堂一億六仟萬的課
／著者：曹啟泰
.-初版-台北市
：商周出版；城邦文化發行；
民90　面：　公分.
ISBN986-7892-06-2　（平裝）
曹啟泰一傳記
782.886　　91006529

一堂一億六仟萬的課

作　　者／曹啟泰
文字整理／鄭斐如
副總編輯／陳絮吾
責任編輯／蕭秀琴
發行人／何飛鵬
法律顧問／中天國際法律事務所 周奇杉律師
出版者／商周出版
連絡地址／台北市愛國東路100號2樓
電話：(02) 23587668 傳真：(02)23419479
e-mail：bwp.service@cite.com.tw
發　行／城邦文化事業股份有限公司
台北市信義路二段213號11樓
電話：(02) 23965698 傳真：(02) 23570954
劃撥：1896600-4 城邦文化事業股份有限公司
城邦閱讀花園網址：www.cite.com.tw e-mail：bwp.service@cite.com.tw
香港發行所／城邦（香港）出版集團有限公司
香港北角英皇道310號雲華大廈4/F, 504室
電話：25086231 傳真：25789337
馬新發行所／城邦(馬新)出版集團
Cite(M)Sdn.Bhd.(458372U) ／11, jALAN 30D/146, Desa Tasik, Sungai Besi,
57000 Kuala Lumpur, Malaysia
電話：603-90563833 傳真：603-90562833
email:citekl@cite.com.tw
封面設計／王志宏
內頁排版／糖葫蘆
印　刷／韋懋印刷股份有限公司
總經銷／農學社
電話：(02) 29178022 傳真：(02) 29156275
■2002年5月初版
定價280元

ISBN 986-7892-06-2

商周出版

廣　告　回　函
北區郵政管理登記證
北臺字第10158號
郵資已付，免貼郵票

100 台北市信義路二段213號11樓

城邦文化事業（股）公司　收

請沿虛線對摺，謝謝！

商周出版

書號：BO0142　書名：一堂一億六千萬的課　編碼：

請於此處用膠水黏貼

商周出版

讀者回函卡

謝謝您購買我們出版的書籍！請費心填寫此回函卡，我們將不定期寄上城邦集團最新的出版訊息。

姓名：______

性別：□男　□女

生日：西元______月______日______

地址：______

聯絡電話：______　傳真：______

E-mail：______

職業：□1.學生 □2.軍公教 □3.服務 □4.金融 □5.製造 □6.資訊
□7.傳播 □8.自由業 □9.農漁牧 □10.家管 □11.退休
□12.其他______

您從何種方式得知本書消息?
□1.書店□2.網路□3.報紙□4.雜誌□5.廣播 □6.電視 □7.親友推薦
□8.其他______

您通常以何種方式購書?
□1.書店□2.網路□3.傳真訂購□4.郵局劃撥 □5.其他______

您喜歡閱讀哪些類別的書籍?
□1.財經商業□2.自然科學 □3.歷史□4.法律□5.文學□6.休閒旅遊
□7.小說□8.人物傳記□9.生活、勵志□10.其他______

對我們的建議：______

請於此處用膠水黏貼